ZIRAN ZIYUAN
ZICHAN FUZHAIBIAO BIANZHI DE
LILUN YU SHIJIAN

自然资源
资产负债表编制的
理论与实践

郭晓红◎著

中国出版集团 | 全国百佳图书
中国民主法制出版社 | 出版单位

图书在版编目（CIP）数据

自然资源资产负债表编制的理论与实践 / 郭晓红著 .
北京：中国民主法制出版社，2024.9. —ISBN 978-7
-5162-3758-8

Ⅰ . F231. 1

中国国家版本馆 CIP 数据核字第 2024Q8M071 号

图书出品人：刘海涛
出 版 统 筹：石　松
责 任 编 辑：刘险涛　吴若楠

书　　名 / 自然资源资产负债表编制的理论与实践
作　　者 / 郭晓红　著

出版·发行 / 中国民主法制出版社
地址 / 北京市丰台区右安门外玉林里 7 号（100069）
电话 /（010）63055259（总编室）　63058068　63057714（营销中心）
传真 /（010）63055259
http: // www.npcpub.com
E-mail: mzfz@npcpub.com
经销 / 新华书店
开本 / 16 开　710 毫米 ×1000 毫米
印张 / 14　字数 / 185 千字
版本 / 2024 年 9 月第 1 版　　2024 年 9 月第 1 次印刷
印刷 / 三河市龙大印装有限公司

书号 / ISBN 978-7-5162-3758-8
定价 / 85.00 元
出版声明 / 版权所有，侵权必究。

前　　言

近年来，随着我国经济发展速度的不断加快，自然资源消耗问题成为影响经济可持续发展的重要制约因素。作者多次参加福建省各地的自然资源价值评估工作，在前期实践的基础上，尝试研究自然资源资产负债表的编制，以期为提高自然资源利用效率，推进生态文明建设，促进绿色低碳发展，有效地保护和永续利用自然资源尽绵薄之力。

本书从自然资源资产负债表编制涉及的相关理论出发，对森林资源资产负债表、水资源资产负债表、土地资源资产负债表以及矿产资源资产负债表涉及的理论展开了研究；在自然资源资产负债表编制总的框架下，分别从实物量和价值量核算的角度对森林资源资产负债表、水资源资产负债表、土地资源资产负债表以及矿产资源资产负债表的编制进行了研究；最后对自然资源资产负债表的应用进行了探讨，将自然资源资产负债表编制的理论应用到自然资源资产负债表编制的实践中。

本书在编写过程中得到了福建农林大学陈钦教授、福建省自然资源行业协会黄新文会长、福建冠地房地产估价服务有限公司黄冠宁总经理的大力支持。福建农林大学硕士研究生何至诚做了大量的材料收集、整理及校对工作。在此表示深深地感谢！

目　　录

第1章　绪论

1.1　研究背景

近年来，随着我国经济发展速度的不断加快，不可再生的自然资源消耗问题成为影响经济可持续发展的重要制约因素。生态环境建设的重要性日益引起党和国家的高度重视，自然资源规划管理在国家总体发展战略中的作用日渐凸显。自然资源的作用不仅是为人类生存提供必要的物质条件，也是维持社会可持续发展的重要因素。同时，它具有不可再生性、稀缺性等特点。在我国综合实力快速发展的过程中，生态环境被破坏、自然资源被浪费等情形十分严重，因此如何高效且有价值地利用有限的自然资源就成了不容忽视的战略问题[1]。

生态文明建设中要融入经济建设、政治建设、文化建设、社会建设的各个方面和整个过程，切实推进绿色发展，把能源消耗、环境损害、环境效益列入经济发展评价指标体系。但是，要想实现社会经济绿色发展，既需要顶层观念的提升，又需要关键技术研究的创新做支撑。党的十八届三中全会通过的《中共中央关于全面深化改革若干重大问题的决定》（以下简称《决定》）指出：建立一套完整的自然资源资产负债表，并在领导干部离任的时刻，对其所任职区域的自然资源资产实行离任审计。准确核算资源与生态环境的

"实物量与价值量"，既是生态文明的特殊需要，又是自然资源资产报表的重要功能。

研究自然资源资产负债表的编制，摸清我国主要自然资源资产的"家底"及其变动情况[2]，是开展领导干部自然资源资产离任审计、资源有偿使用和生态补偿等活动的基础和依据；能够为健全我国自然资源统计调查制度提供信息基础，为自然资源资产平衡表编制奠定基础[3]；有利于提高自然资源利用效率，降低自然资源负债水平，为推进生态文明建设、推进绿色低碳发展、有效地保护和永续利用自然资源提供信息支撑、监测预警和决策支持[2]。

1.1.1 编制历程

生态文明建设是一项史诗级工程，具有深远的战略意义，同时整个过程也具有长期性，需要多年的共同努力，来面对到来的问题与挑战、压力与风险。要想稳步推进生态文明建设工作有序进行，必须从资源、环境、生态和国土四个层面入手，坚持科学规划、科学管理，走生态发展之路。《中共中央 国务院关于加快推进生态文明建设的意见》在2015年公布，充分体现了国家对生态文明建设的高度关注和对其整体布局的高度重视，指引我们必须主动推动制度建设、社会经济、资源环境协调发展的新思路。《决定》提出："坚持以促进技术进步和保护环境为己任的原则；要在发展与生态的相互关系上取得平衡；完善国有资源的所有权与使用控制体系，使国有资源的经营与利用更加规范，更加有效地发挥国有资源的作用。"探讨建立一份自然资源的财产清单，即自然资源资产负债表，并在领导干部离任的时刻，对其所任职区域的自然资源资产实行离任审计。最近几年，我国高度重视环境保护，加大了污染防治力度，并且也采取了相应的手段，然而并未从根本上改变环境问题，形势依然严峻。高能耗高污染产业虽然在过去取得了长期的经济增长，但这一成果是由过度依赖资源投入所换来的，造成了我国大量的自然资源消耗，同时也给环境带来了损害，使得生态系统的平衡被打破，加剧了污染问题。我国目前的可持续发展能力明显不足，生态文明建设迫在眉睫。

2015年，中共中央、国务院印发了《生态文明体制改革总体方案》，要求各地区各部门联系实际深入贯彻落实。其中第49点提出："探索编制自然资源资产负债表，制定自然资源资产负债表编制指南，构建水资源、土地资源、森林资源等的资产和负债核算方法，建立实物量核算账户，明确分类标准和统计规范，定期评估自然资源资产变化状况。在市县层面开展自然资源资产负债表编制试点，核算主要自然资源实物量账户并公布核算结果。"[4]若相关管理部门以及当地政府在生态文明建设方面取得了成效，那么表明该区域当前的自然资源资产增加了；若相关管理部门以及当地政府并未对生态文明发挥作用，甚至产生了负效应，那么就表明该区域当前的自然资源资产减少了。

2015年，国务院办公厅印发了《编制自然资源资产负债表试点方案》。同年12月，国家统计局等8部门共同印发了《自然资源资产负债表试编制度（编制指南）》。根据规划的要求，制定自然资源资产负债表，提出完善自然资源统计调查体系的建议，为编制自然资源资产负债表提供参考。根据自然资源保护和治理的需要，规划首先对具有重要生态作用的自然资源进行核算[6]，而在我国自然资源资产负债表中，则以土地、森林、水资源为代表。在这一总体规划中，各地要结合地方实际，收集相关数据，明确信息来源，进行数据质量控制，评价自然资源的价值，编制土地资源、森林资源、水资源等自然资源资产负债表。

2018年，在总结试点工作经验的基础上，国家统计局等8部门联合印发《自然资源资产负债表编制制度（试行）》，正式在国家和省（区、市）开展自然资源资产负债表试编工作。与此同时，为了进一步厘清在县级层面编制自然资源资产负债表的可行性和支撑条件，国家统计局等8部门联合印发《县级自然资源资产负债表编制试点方案》〔含《县级自然资源资产负债表编制制度（试行）》]，并在全国四个县级地区继续开展自然资源资产负债表编制试点工作。2019 年，已经完成了 2016 年和 2017 年全国和省级自然资源资产负债表的试编工作。

自 2018 年开始，自然资源部按照党中央赋予的"统一行使全民所有自然资源所有者职责"的要求，积极开展探索编制全民所有自然资源资产负债表工作。已初步形成全民所有自然资源资产负债表报表体系框架和技术规范，并于 2020 年起在 12 个省（区）的 31 个县级单元开展报表试填工作。

2021 年，党的第十三届全国人大常委会第三十一次会议审议了《国务院关于 2020 年度国有资产管理情况的综合报告》和《国务院关于 2020 年度国有自然资源资产管理情况的专项报告》。这两份报告初次摸清了全国各地自然资源资产的相关家底，现阶段国有资产管理仍存在以下问题：不具备强烈的管理意识，同时在管理模式上略显粗糙；在权属问题上的区分并不明晰；存在账实不符的情况；国有资产的使用效益较低，资产错配的情形经常出现。所以，如何对国有资产进行处置，如何通过规范的方式尽量减少国有资产的流失，这些问题值得研究。

1.1.2 各地区试点情况

按照实际情况，初步核算具有重大生态作用的自然资源，如森林资源、土地资源、水资源等；各试点区域分别收集、审核相关基础数据，对数据源、数据质量的控制等关键问题进行分析，并对其进行初步探讨。另外在试点区域，可以根据具体情况，进行矿产资源资产负债表的编制。

1.内蒙古自治区呼伦贝尔市试点情况

编制自然资源资产负债表工作启动以来，内蒙古自治区高度重视，按照国家统计局等 8 部门联合印发的《关于印发〈自然资源资产负债表编制制度（试行）〉的通知》，内蒙古自治区统计局联合自然资源厅、农牧厅、水利厅、生态环境厅、林业和草原局 5 部门，共同布置自然资源资产负债表编制任务，更新维护联络员工作机制，统筹推进整体工作，圆满完成国家 2020 年自然资源资产负债表编制任务。通过此项工作，全面掌握了 2020 年全区土地资源、林木资源、水资源、固体矿产资源存量及变动情况[5]，耕地、天然草原、森林资源、水环境质量等级及变动情况。

根据《内蒙古实物量自然资源资产负债表编制制度（试行）》相关要求，内蒙古自治区统计局坚持"三聚焦"，扎实完成了 2021 年度内蒙古自治区实物量自然资源资产负债表编制工作。

（1）聚焦落实部署，确保有效开展

内蒙古自治区统计局高度重视编表工作，深入贯彻落实国家统计局、国家发改委等 8 部门《关于印发〈自然资源资产负债表编制制度（试行）〉的通知》（国统字〔2020〕143 号）精神，紧跟国家顶层设计，经报请国家统计局审批，制定印发《内蒙古实物量自然资源资产负债表编制制度（试行）》，精心部署自治区本级、各盟市及部分试点旗县的实物量自然资源资产负债表编制工作，就编制目的、编制内容、职责分工、质量控制、时间安排等提出了明确要求，做到有条有理[2]。

（2）聚焦部门联动，确保高效运转

内蒙古自治区统计局努力克服疫情影响，发挥好统筹协调作用，及时将实物量自然资源资产负债表编制要求布置落实到自然资源厅、生态环境厅、水利厅、农牧厅、林业和草原局等部门，发挥主管部门业务优势，加强数据审核评估。多次通过视频、电话等方式与相关部门密切联系，定期沟通，详细讲解填报表式、指标内容、审核关系等，有效跟进了解各部门工作进展，做到有合力、有助力。

（3）聚焦逻辑审核，确保数据质量

内蒙古自治区统计局深入学习掌握编表方法，严格执行编制制度，加强数据审核把关，对数据衔接、内部逻辑、数据缺失等情况进行细致核实，确保数据真实可靠。认真梳理各部门、各盟市自然资源资产负债表编制说明，做到数出有据[2]。

通过试点工作，成功编制了鄂温克旗国家县级自然资源资产负债表（2016—2017年度），初步摸清了自然资源资产的家底及其变动情况；摸清了县级编制自然资源资产负债表的支撑条件，掌握了县级各自然资源部门编表所需要掌握的制度条件、技术条件、经费条件和人员条件；积极探索了编制县级自然资源资产负债表的经验和做法，向国家统计局提交了试点报告，对县级自然资源统计监测制度和县级自然资源资产负债表制度提出了意见和建议。2018年国家统计局等相关部门组织召开"县级自然资源资产负债表编制试点工作"启动会议，呼伦贝尔市鄂温克旗被确定为试点地区，试点工作为期两年。下一步，内蒙古自治区统计局将继续落实新发展理念，推进生态文明建设，认真总结编表经验，进一步完善2022年度自然资源资产负债表编制工作，为研究探索价值量自然资源资产负债表编制工作打下坚实的基础，为自治区党委和政府研判形势、科学决策、推进内蒙古自治区生态文明建设提供有效的统计保障。

在总结国家级自然资源资产负债表试点工作经验的同时，根据内蒙古自治区下发的《内蒙古自然资源资产实物量平衡表编制制度》及《自然资源资产实物量平衡表表式（2020）》，认真梳理工作方案，内蒙古自治区相关部门、旗市积极对接，共同做好全区自然资源资产负债表编制工作。内蒙古自治区自然资源局已完成全市2017—2019年度全区土地、林木、草原、水和矿产资源的实物量平衡表编制工作。

2.浙江省湖州市试点情况

浙江省湖州市发布了《全面推开编制自然资源资产负债表工作方案》（以下简称《方案》），对湖州市开展自然资源资产负债表编制工作进行了深入研究，为制定完善生态文明绩效评价考核和责任追究制度夯实基础[7]。

按照《方案》要求，湖州市将围绕以下五方面努力：一是要构建跨学科的专业队伍，搭建跨行业的工作平台，为自然资源资产负债表的编制工作提供技术支持；二是要建立和完善科学、标准化的自然资源普查与监督体系，并将其纳入编制基础数据库；三是要与有关单位协调制定并执行自然资源资产负债表，不断完善土地资源、林木资源、水资源、矿产资源等自然资源资产的核算处理办法；四是要根据实际情况，制定本市和各区的自然资源资产状况表；五是要探索编制土地、林木、水和矿产等自然资源的价值评估办法。

《方案》明确 2018 年起，湖州市将编制前两个年度的全市及各县区自然资源实物量资产负债表，即 2018 年编制 2016 年度全市自然资源实物量资产负债表，以后逐年以此类推，每年 9 月底前完成编制工作。从 2022 年开始，探索编制全市及各县区自然资源价值量资产负债表。

湖州市探索了自然资源资产负债表编制的理论与方法，提出了"三并重、三结合"的基本原则和"先实物后价值、先存量后流量、先分类后综合"的技术方案。该研究提出了湖州市自然资源资产负债表的计量方法，建立了湖州市及其各县区的自然资源资产数据库。

根据《关于进一步做好省市两级编制自然资源资产负债表工作的通知》（浙统〔2019〕24 号）、《全面推开编制自然资源资产负债表工作方案》（湖政办发〔2018〕41 号）、《关于进一步做好市区县两级编制自然资源资产负债表工作的通知》（湖编自办〔2019〕2 号），结合机构改革后的实际情况，决定成立湖州市自然资源和规划局编制市区县两级自然资源资产负债表工作小组。

3. 湖南省娄底市试点情况

根据中央深改办、中改办统一部署，娄底市被选定为全国编制自然资源资产负债表试点工作五个试点地级市之一。娄底市试点工作自 2015 年正式启动以来，在湖南省委、省政府的高度重视和娄底市委、市政府的具体领导下，各相关部门密切协同配合，按照国家试点工作指导小组的统一部署，主动作为、积极探索，从征求部门意见、印发试点方案、成立试点机构、组织试点培训、积极开展试填、加强试点宣传、强化调度督察与考评7个方面入手，稳步推进试点工作。目前，所有试点表数据和工作总结报告已提交娄底市政府常务会议研究审定，并经省直相关部门联审认定和国家试点工作指导小组审核认定，娄底市试点工作得到国家、省、市相关领导的一致认可，取得了较好成效。通过试点，发现了自然资源资产负债表试编中存在的一些问题，形成了一系列行之有效的试点工作机制，保障了娄底市试点工作的顺利开展，为全国正式编制自然资源资产负债表工作提供了可复制、可推广的地区经验。

2016年，娄底市试点工作紧紧围绕国家《编制自然资源资产负债表试点方案》要求，理清工作思路、明确工作重点、边探索边总结，圆满完成了试点工作并获得了一些有益经验，试点工作取得了一定成效。

娄底市试点工作各相关部门严格按照国家和省相关制度要求，积极履职、主动作为，深入开展了对娄底市土地资源面积、耕地质量等别、耕地质量等级、草地面积和质量等级、林木面积和蓄积量、水资源存量及水环境质量的监测及数据收集、审核和汇总工作，基本摸清了娄底市土地、林木和水资源资产"家底"及其变动情况，为推进娄底市生态文明建设、有效保护和永续利用娄底市自然资源提供了信息基础、监测预警和决策支持[2]。

2016年，娄底市试点办和市直各相关部门严格按照国家要求，审核、汇总并上报了全部8张试点表和编表说明，具体包括：完成了2011—2015年度土地资源存量及变动表，2011—2015年度耕地质量等级及变动表，2015年度草地质量等级及变动表，2011—2015年度林木资源存量及变动表和森林资源质量及变动表，2011—2014年度水资源存量及变动表，2011—2015年度水环境质量及变动表，以及试点表的编表说明和市试点办负责的总编表说明。总体来看，试点表填报率较高、数据较客观真实，达到按时保质完成试点表报送的预期效果。

4. 贵州省赤水市试点情况

贵州省探索编制自然资源资产负债表工作在全国开展得比较早，自 2014 年起，就开始研究探索和编表实践，迄今为止，大致经历了以下三个阶段。

第一阶段，2014—2015 年，先行先试、尽早探索阶段。编制报表的理论研究和实践探索是此阶段的主要任务，在此过程中取得了五个重要成果：一是选取赤水市和荔波县，在全国开展县级试点；二是对制表的重点突破领域和技术性问题进行研究，形成制表理论及实证研究报告；三是制定编表总体方案和土地、森林、水资源三个编制子方案；四是编制完成具有贵州生态特点的赤水市、荔波县自然资源实物量表；五是为编表工作提供立法保障，贵州省人大常委会审议通过《贵州省生态文明建设促进条例》，对制表工作任务进行了明确，标志着制表工作已进入法治化轨道。

第二阶段，自 2016—2017 年，扩大研究的深度、进行国家试点阶段。制表试点工作在以问题为导向的引领下展开。基于贵州前期先行先试打下的扎实基础和取得的明显成效，在试点阶段取得了三个方面的成果：一是数据质量获得认可和肯定。经国家统计局和国务院有关部门审核，认为赤水市制表技术方法与路线科学可行，数据真实可靠；二是试点工作获得认可和肯定，中央改革办、国家统计局、国土资源部、农业部领导和专家到贵州调研督察，对试点工作均给予肯定；三是试点提出的意见和建议获得认可和肯定。通过试点探索，为修订完善自然资源统计调查制度和编制方案提出有价值的意见和建议，得到了国家有关部门的认可和采纳。

第三阶段，自 2018 年起，拓宽实施范围、加大实施深度阶段。将编制自然资源资产负债表工作在贵州省范围内全面推开。这一阶段的主要任务分为三项：一是编制 2016 年度贵州省自然资源负债表；二是编制贵州省九个市州自然资源资产负债表；三是按照国家第二轮试点工作要求，继续推进赤水市县级国家试点工作。

贵州省在全省统计部门的领导下，各相关单位共同努力，推动了各项工作的实施。贵州省级统计部门统筹协调，指导各试点单位编制土地、林木、水等资源报告，最终编制出相应的正式报告。贵州省级相关单位应协助各试点单位进行基本数据采集和整理，并对自然资源资产账户、林木资源资产账户、水资源资产账户等相关数据进行填制。

5. 陕西省延安市试点情况

延安市政府积极开展自然资源资产负债表编制试点工作，着重关注其基础数据的采集工作：首先，按照时间节点要求开展第三次全国土地调查，收集基础资料；其次，重构国土调查数据库，分层级、分类型形成国土基础数据，推进成果信息化管理与共享；最后，在此基础上启动森林资源管理"一张图"年度更新工作。

根据国务院安排部署，延安市及其下辖的富县分别是全国自然资源资产负债表编制工作试点市和试点县。延安市政府高度重视，及时成立工作领导小组，在深入调查研究的基础上制定工作实施方案，积极开展学习培训，建立成员单位联席会议制度，组织相关部门单位开展调查、检测、填报等工作，对拟上报数据进行严格审核评估，顺利完成试填报工作。2015—2019 年度自然资源资产负债表编制工作已经完成，相关报表资料已报送国家统计局。

延安市精心布局"三手棋"，落子"守、联、研"三点，力求高质量完成自然资源资产负债表编制工作：一是落子于"守"，明法守线。以数据质量为主线，全面贯彻落实中央主要领导关于统计工作重要指示批示精神，深入学习文件精神内涵，知法明法，守住红线，指导相关部门依法依规、真实准确地填报自然资源资产负债表及表样。二是落子于"联"，横纵联合。一方面横向联合相关市级部门，组建自然资源资产负债表编制工作微信交流群，通过群聊方式交流、学习、共享编制工作相关事宜；另一方面纵向咨询陕西省级相关部门，通过第一时间与陕西省统计局沟通了解省级各厅局业务负责人及联系方式，及时将信息共享市级各部门。三是落子于"研"，深学细研。召开自然资源资产负债表编制工作联席会，延安市自然资源局、市林业局等五部门参会，共同研究编制制度，对其中表样、涉及指标内容、含义、口径以及上报时间、要求等进行讨论、明确，共同商讨如何如期高质量完成2020年自然资源资产负债表编制工作。

6. 福建省福州市连江县试点情况

自然资源资产负债表工作启动以来，福州市统计局高度重视，在省统计局的指导下对编表工作进行紧密部署。按照市委、市政府的部署，福州市发改委提出要先行先试，2018年确定以连江县作为试点，开展《连江县自然资源资产负债表编制及其价值实现机制》项目研究。一是能准确体现连江县陆域海域自然资源特点。二是构建科学反映各类自然资源资产的价值核算体系与质量价格体系。通过对连江县自然资源资产现状分析及国内外资料调研，确定连江县自然资源资产核算体系。三是搭建自然资源资产信息管理平台，建立自然资源资产数据采集方案和台账。四是探索编制连江县自然资源资产价值量表。根据调研和资料整理，对连江县各类自然资源进行了评估核算。

此外，根据核算结果，对连江县自然资源资本化路径进行了探索，设计案例指导自然资源资产向资本化转换，促使生态优势转变为经济优势，为福建省及其他地区自然资源资产资本化提供了借鉴意义。

1.2 研究意义

自然资源资产负债表的提出切合当今社会发展的需求，要积极探索自然资源资产负债表的编制，促进建立科学、规范的自然资源统计调查体系，对我国自然资源资产的动态变化进行全面摸清[5]，为推进生态文明建设、有效保护和可持续利用自然资源提供信息基础、监测预警和决策支持[2]。编制自然资源资产负债表也有助于摸清所要研究地区的自然资源存量和质量状况，为其经济社会发展提供重要的资源信息。

1.2.1 生态文明建设的需要

生态文明是以人与自然和谐共生、良性循环、持续发展为基本宗旨的社会形态。森林资源、水资源、海洋资源等自然资源是人与自然和谐共处的基础，保护自然资源是生态文明思想的体现。自然资源资产负债表的编制为保护自然资源奠定了坚实的基础[8]。

自然资源是有价值的，其价值实现是我国生态文明建设在理念上的重大变革。自然资源产品已成为生态文明建设的关键词，政府把探索"自然资源价值实现"作为全面深化改革总体部署、长远规划的一项重要内容，充分体现了新时期生态文明建设的新高度[9]。

对自然资源资产负债表进行详细的研究，从而对自然资源的存量、流量和质量等方面的状况有一个全面的认识，进而实现从"国家管理"向"国家治理"的转化，最终体现出生态文明的成果，同时也有助于政府制定相应的政策来推动我国的发展和环境的改善，提升自然资源的使用效率，推动我国生态文化的发展。

自然资源资产负债表的编制可以分成短、中、长三个阶段的目标。在短时间内，能够体现出自然资源现状，有助于促使人类自觉地对在发展中出现的资源浪费、环境破坏等问题给予足够的重视，从而保证生态文明的建设能够进行下去。中期目标是通过完善现行的自然资源经营体系，实现生态系统的良性循环。长远目标是构建生态文明体系，确保社会、经济、环境的和谐、可持续发展，最终达到构建"资源节约型、环境友好型"的绿色社会目的，进而达到"绿色可持续发展"的最终目的[10]。

1.2.2　切合国家可持续发展的要求

为了摸清一个地区的自然资源资产家底，需要编制自然资源资产负债表，同时开展治理环境污染工作而负担的债务等情况，也可以由自然资源资产负债表所展示[11]。政府部门要展开各项工作，就必须清晰地了解开展工作的辖区所含有的自然资源资产总量，以及进行环境治理所承担的债务状况。这是管理方案的突破，更体现出自然资源财产由管理方法变为治理，完成了自然资源保护与利用的另一重大进展。

可持续发展观念的内涵强调了经济的发展不能建立在破坏自然资源和环境的基础上，相反，它强调了二者的适配性，即经济发展同资源环境的承受能力相适应[12]。自然资源因经济活动而引起的增减变动情况可以通过自然资源资产负债表的编制与列报更准确地反映，突出了要科学高效地配备自然资源的要求，最终推动社会的可持续发展[13]。编制自然资源资产负债表，说明在我国提升了环境污染问题的重视度，明确了要转变经济发展的形式，要正确引导经济发展向绿色的、可持续的方向进行转变。

1.2.3　完善国民经济核算体系

只有对自然资源的耗费进行细致的统计，并将其纳入国民经济的核算系统中，才能反映出经济真实、客观的发展情况。自然资源资产负债表能反映出自然资源的耗费量与存量。绿色经济核算体系的不断形成与发展为自然资源资产负债表奠定了理论基石[13]，自然资源资产负债表是绿色国民经济核算理论的延伸，包括在绿色国民经济核算体系之中。

1.2.4　构成领导干部离任审计的重要内容

伴随着我国改革开放的深入，国内生产总值（GDP）逐渐成了评价国家工作绩效的一个主要标准，但部分地方的干部为了实现经济的高速增长，常常采取"以污染为主，以控制为最后手段"的做法，导致了对生态系统的破坏和践踏。所以，制定自然资源资产负债表，不仅可以体现出对自然资源的利用和经营，让政府对自然资源进行有力监管，还可以让社会对自然资源浪费、环境破坏等问题更加关注。

1.2.5　奠定自然资源生态价值实现的基础

自然资源资产负债表可以对各个经济主体对自然资源资产的占有、使用、消耗、恢复和增值的行为进行完整的记载，并对当期自然资源资产实物量和价值量的变化进行评估，从而可以对自然生态资源进行更加清晰地了解，摸清自然生态家底，为自然资源生态价值实现提供更为全面的基础数据和科学依据，有利于深化研究自然资源资产资本化[14]，促进自然资源生态产品价值实现，有助于探索自然资本和经济发展的共同增长模式，使得在生态保护工作中，改变单一的从政府获得投入的模式，进而促进民间有关生态产品的投资，提升生态系统服务价值，推动生态保护由被动投入转向主动投资。

1.2.6　拓展环境会计研究的内容

以政府部门、行业组织和准则制定机构为代表的实务界，就环境问题的财务报表问题进行了探讨。例如，美国财务会计准则委员会（以下简称FASB）发布了《石棉清理成本的会计处理》《处理环境污染成本的资本化》《环境负债会计》[15]等，这些是一系列针对环境事项的准则和指南。另外，联合国国际会计和报告标准政府间专家工作组（以下简称ISAB）陆续发布了

《环境会计和报告的立场公告》《环境成本和负债的会计和财务报告指南》等。
美国注册会计师协会（简称 AICPA）发表了关于环境债务赔偿情况的报告。
加拿大特许会计师协会（简称 CICA）对环境问题进行了较为系统的研究，其
主要研究内容有《环境审计与会计职业界的作用》《环境绩效报告》《完全成
本环境会计报告》等。

目前，学术界多以实证性的方式进行，较多地从经济学或金融角度探讨
有关环境事件及其与之相关联的资讯公开影响。因此，在他们的理论中，环
境因子仅仅是一个变数。国外的环境会计理论主要集中在环境会计假设、环
境会计目标、环境会计要素、环境会计计量、环境会计报告等方面[16][17]。

自然资源资产负债表的编制将作为一个新的领域对环境会计的研究进行
拓展，使得环境会计的研究更加深化，领域更加宽阔，角度更加广泛。

1.2.7　促进双碳目标的实现

森林和海洋资源是地球的主要碳库。做好自然资源"账本"，无论是从高
质量发展的角度，还是从"双碳"的角度来看，都能为实践工作提供帮助。
自然资源资产负债表的编制，可以为双碳目标的规划和实现助力，可以发挥
出自然资源资产尤其是国有自然资源资产在碳达峰、碳中和中的重要作用，
发挥出森林、草原、湿地、海洋的碳汇作用。自然资源领域助力减排降碳，
可以巩固提升生态系统碳汇能力，为实现双碳目标提供有力保障。

1.3　研究内容与结构安排

本书对自然资源资产负债表的编制进行理论梳理，并涉及自然资源资产
负债表编制的实践及应用等。主要从以下 8 章展开：第 1 章为绪论，从研究
背景、研究意义、研究内容与结构安排和研究创新点四个方面进行阐述，突

出了自然资源资产负债表的编制对我国发展的重要性。第2章，对自然资源资产负债表编制所涉及的理论进行论述，主要涉及自然资源核算理论、环境会计理论以及自然资源评估方法与理论，突出了自然资源资产负债表的编制是环境会计研究的重要补充，也丰富了环境会计研究的角度。自然资源核算理论包括劳动价值论、均衡价值论以及自然资源的价值构成理论（经济价值、社会价值、生态价值）；环境会计理论包括可持续会计、环境会计信息披露、环境成本核算、基于外部视角的环境会计和基于内部视角的环境会计五个部分；自然资源评估方法与理论包括评估思路以及五种评估方法（费用核算法、现行市价法、替代市场法、假定市场法、现值法）。第3章，从自然资源资产负债表编制的原则、自然资源资产负债表编制的思路、自然资源资产负债表编制的基本框架进行阐述。在编制原则上，由传统会计报表的原则进阶到自然资源资产负债表的编制原则。对于编制思路，首先对编制的基本思路展开叙述（依据现有文件、借鉴国内试点地区经验、参照现有行业标准、借鉴国际经验、利用现有统计数据）；编制路径是依托于各类自然资源实物量和价值量的核算，并界定了自然资源的资产、负债和权益类别，最后类比于公司资产负债表的信息披露，对自然资源资产负债表的信息披露进行补充。综合上述自然资源资产负债表编制的原则和思路，最终确定自然资源资产负债表编制的基本框架。在把握了自然资源资产负债表编制的框架设计之后，本书的第4、5、6、7章则分别对森林资源、水资源、土地资源和矿产资源的资产负债表编制进行详细的论述，主要涉及各类自然资源实物量核算的理论与方法、各类自然资源价值量核算的理论与方法、各类自然资源的数据采集、各类自然资源资产负债的确认、各类自然资源资产负债表的编制等。本书的最后1章是自然资源资产负债表的相关实践应用，涉及领导干部自然资源离任审计、自然资源资本化，以及自然资源生态补偿三个方面的内容。

1.4　研究创新点

本书从自然资源资产负债表编制可能涉及的相关理论出发，对森林资源资产负债表、水资源资产负债表、土地资源资产负债表，以及矿产资源资产负债表可能涉及的理论展开了研究；在自然资源资产负债表，编制总的框架下，分别从实物量和价值量核算的角度对森林资源资产负债表、水资源资产负债表、土地资源资产负债表以及矿产资源资产负债表的编制进行了研究；最后对自然资源资产负债表的应用进行了探讨。将自然资源资产负债表编制的理论应用到自然资源资产负债表编制的实践中。本书尝试在以下方面进行创新探索。

（1）探讨了自然资源资本化。建立了森林资源资产价值实现机制，提出了森林资源生态价值实现条件。

（2）探索了森林资源中古树名木资源核算实践。

（3）探究了水资源负债的确认、核算，编制了水资源负债表。

（4）提出了自然资源资产负债表编制的思路和实践路径。

第2章 自然资源的相关理论

2.1 自然资源核算理论

2.1.1 自然资源核算理论的渊源

依据资源环境经济学中的"环境—经济"系统模型，经济系统要向自然资源系统索取各种自然资源，如森林、土地、矿产资源等，同时也要向自然资源系统输出不同的废气排放物，而现在所面临的气候变暖和环境污染等各类生态环境问题在一定程度上是这些排放物造成的。自然资源核算涉及自然资源的实物、价值、存量、流量、资产、负债等，而统合整理出来的核算数据是在思维逻辑的指导下和平衡公式的对照下得到的，最后将从表格报告、系列账户中直观地看到这一组数据，以便对自然资源状况进行监测分析、计划决策。

早在20世纪中叶之前，经济学就已经有了一定的发展，并在当时认为经济增长的核心三要素是资本、技术和劳动。然而，在多种资源环境事件爆发之后，资源环境对经济增长的硬性约束逐渐被学术界甚至民众认可，因此，对资源状况信息的掌握，以及对其进行合理的配置和管理，成为保持经济增长的重要一环。可持续发展理论提出，得到了各国的认可，成为自然资源核算的理论基础。

自然资源核算理论首先是通过对自然资源核算活动的总结和深入，从而获得的一种科学的、系统的理论知识。其次对自然资源的开发利用进行核算的活动是其理论和思想的来源，其科学性也在实践活动中得到检验。最后对自然资源核算实践活动进行指导。在 20 世纪后期就逐步形成了资源核算理论，并且通过三个层面（国民经济核算、政府资产管理、企业微观）的探索建立了自然资源和环境核算体系。人与自然的和谐统一是可持续发展和生态文明强调的内容，正如前文所说的经济发展遇到了资源的有限性，导致经济学家开始对自然资源的核算问题进行探讨。在联合国《国民经济核算体系和辅助系统表》（以下简称 SNA1993）中，环境成本就被纳入了 GDP 的核算当中，自然资源资产核算被纳入 SNA1993 是 2008 年开始的。而在联合国《综合环境与经济核算体系》（以下简称 SEEA）中，自然资源被纳入核算范围并在 SEEA（1993、2000、2003、2012）进行了多次修改与完善。基于 SEEA 体系，国际上有很多国家，比如美国、日本等，也开展了自然资源核算。随着《中国 21 世纪议程》的发布，我国的关注重点也转向了自然资源的开发和保护，相关理论研究随之而来，理论的研究成果较为丰富。在 20 世纪 90 年代，以李金昌为代表的学者们就探讨了有关在国民经济核算体系中引入自然资源的问题[18]。

2.1.2　自然资源核算的理论基础

1. 劳动价值论

马克思的劳动价值论为解释自然界的价值性质提供了可靠的科学依据。马克思的劳动价值论认为：劳动的价值取决于产品的抽象劳动，其价值的多少取决于社会必要劳动时间。当人们逐渐了解到自然资源的重要性时，并且通过累积劳动使自然资源的作用就会加强。由于人口的增长和生产力的发展，人类对自然资源的利用与日俱增，使自然资源日益匮乏。要维持供求关系的平衡，人类就需要着重关注自然资源的再生产活动，并促进其与社会再生产活动相结合，统一协调发展[19]。在自然资源的再生产中，随着人类劳动的输入，自然资源具有了可比价值，其数值等于人类在自然资源再生产过程中投入的社会必要劳动时间。因此，自然资源的价值得以体现，被开发出来的产品将其价值外现，这种自然资源产品，它的价值由自身价值和社会劳动生产过程中的价值组成。

2. 均衡价值论

马歇尔经济学的中心思想和基础就是均衡价值论，它以商品的平衡价格为基础，平衡价格理论又称为马歇尔价值论。马歇尔主张，一种货物的价格，在其他条件相同时，取决于它的供应量和需求量。马歇尔测量货物的价值，主要是根据平衡的价格。马歇尔的价值理论把供给论、边际效用论和生产成本理论结合起来。用价格观念代替价值，用市场价格来判断价值，并通过分析市场价格来决定价值问题以及价值实体，把影响价格的供需力量说成价值的决定力量，提出了一种价值理论。

3. 自然资源的价值构成理论

自然资源的价值构成包括经济价值、生态价值和社会价值三个方面。

（1）经济价值

自然资源的经济价值就是可以把自然资源当作一种生产资料投入到人们的生活中。同时，自然资源产品还可以在市场上直接进行交易，它反映了直接利用的价值，也就是经济价值。只有当人们觉得自然资源有用的时候，才会通过社会劳动将其开发出来。因矿藏丰度、开采难度和地域分布的巨大差别，投资和产出产品的数量、品质也有很大差别，自然资源的价值也不同。而且这些资源是由人的劳动创造出来的，对人是有益的，在市场经济中可以实现它的价值。现如今自然资源大都凝结着人类劳动，人类为了获取自然资源所进行的一系列诸如勘察、投入等活动也构成自然资源的价值实体。例如，寻找和开发矿产资源，必须投入巨大的人力物力；地质勘查者利用多种科学技术，对矿产的空间位置、构成形态、储量进行分析，它本质上就是对矿物的直接劳动的投入，而这些投资在矿物中就会凝结为矿物的价格[20]，即经济价值。

（2）生态价值

人与自然物之间的交换关系是研究自然资源价值应关注的重点。在过去，人们一直把注意力集中在对大自然的需求上，而忽略了对大自然的回馈，这就造成了大自然的反击，如沙尘暴、泥石流、耕地沙化等，对人类的生存和发展造成了巨大的破坏。生态价值具有潜在性，它表现为人们对其间接使用的价值，它取决于自然资源的有效性和稀缺程度。

（3）社会价值

自然资源的社会价值是指能符合人们的心理和道德需要的物质价值，既是生存的，也是科学的和文化的。自然资源之所以具备这种价值，是因为其能够满足人们的心理需要，同时也与当代生态文明建设相适应。随着人类社会的发展，人类的文化水平越来越高，对资源的文化价值也越来越强调。自然中的奇禽异兽、奇峰怪石等都是文人雅士们吟咏描画的永久题材，游历山水、欣赏自然已成为人们文化生活必不可少的组成部分。这一部分价值同样也取决于自然资源的稀缺程度和有效性。

三者融为一体，相互之间是不可分割的，同时三位一体的关系又是互相制约，互为生存的，取走任何一种价值的同时必然造成其他价值的流失和毁灭。例如，大量采伐森林可以获得巨大的经济效益，但同时却导致森林生态效益和社会效益的损失直至毁灭。

2.2 环境会计理论

环境会计是一种以环境核算为主要内容的专业会计，主要侧重于环境资产、环境负债、环境效益等要素。它是一项管理活动，着眼于社会角度，关注企事业单位的社会活动，揭示出其对环境的影响。它是一种平衡手段，经济资源在它的指导下实现最有效利用和配置，从而带动社会整体效益的提高。

20 世纪 70 年代，会计研究发展出环境会计的研究。比蒙斯（Beams）所著的《控制污染的社会成本转换研究》和马林（Malin）发表的文章《污染的会计问题》为研究环境会计拉开了帷幕[21]，环境会计的相关理论开始盛行。《我们共同的未来》这一报告是 1987 年联合国世界环境和发展委员会作出的，它首次提出了"可持续发展"的定义[22]，使得越来越多的学者更加重视和关注环境会计问题。随着经济发展，一系列严重的环境问题出现，环境保护与经济发展二者之间的关系在国际社会的讨论变得愈演愈烈。罗布·格雷（Rob Gray）出版的《绿色会计》将环境会计确认为会计研究领域的重要课题[23]，它作为一个里程碑标志着环境会计成为中心议题，并且受到全世界学术界的关注，他认为环境会计的内涵是人造资产和自然资产二者转换的会计。这个主流观点在之后的发展中又衍生出两个方向。

（1）环境会计仍是传统意义上的会计，即认为环境会计也是一个计量的工具，主要起"簿记"作用，对信息进行记录和披露。

（2）整个环境生态管理系统需要环境会计的支持，即认为环境会计侧重于管理作用，它需要更好地服务于企业整体，从而有利于企业更好地进行绩效评价。

学者们对其的研究不断深入，开始从不同角度对环境会计进行创新尝试。罗布·格雷认为环境会计已经超出了传统会计的范畴[23]，涵盖了市场参与人的概念。将环境会计的内涵进行了拓展，环境会计在衡量不同实体的社会效率和环境效率方面起着重要作用，不同实体间的信息流入流出也由环境会计提供，环境会计是一个巨大的资源系统。随着全球化、经济一体化进程的加速，环境问题日益突出，我国的学者在吸收前人的观点后也提出了自己的观点，认为环境因素应当在我国会计信息化改革的过程中被充分考虑。由于国外的环境会计理论兴起较早且经过了一段时间的发展完善，本书主要从以下五个角度来介绍环境会计理论。

2.2.1　可持续会计

可持续会计，代表对组织的社会、环境和经济绩效有直接影响的活动。这一观点出自 20 世纪中后期，是一种新的发展观念。它是一项着眼于未来长期发展以及资源的合理利用的战略举措，对全球的长远发展发挥着至关重要的作用。而传统会计显然已经跟不上这一观念的步伐。最早对传统会计进行革新的研究主要关注的是它的不足之处[23]，当时没有明确的可持续会计概念，环境会计的研究也处于摸索之中，仅仅只是一个代名词，还没有被定义。可持续会计再次被明确提出是来自伯里特（Burritt），他考虑到为了使企业长久地运转下去，就需要一个能同时为生态系统和社会服务的可持续会计[24]。从以上的整个过程可以看出，环境会计不同于传统会计的主要方面，就是更加地关注环境和社会领域，更能从整体上反映企业的综合效益，更加强调可持续性，明确自然环境在经济效益中的重要角色。可持续强调整体的作用，但也不忽视各个系统，比如，生态、社会、经济各个系统之间的相互联系、相互作用，从而使得整体实现最优化目标。

既然有了可持续会计的概念，如何激励管理者建立一个环境会计制度，除了管理者自身的动机和企业可持续发展的要求外，还受环保企业、参与人压力等影响。而目前环境会计的具体实践还在探索之中。

2.2.2 环境会计信息披露

环境会计工作的重中之重当属信息披露，并且大多数问题也出现在这个环节。信息披露可以分为两个类别，即自愿性披露和社会政治行为。自愿性披露是有责任感的企业向社会公开披露环境信息。企业在进行信息披露的同时要坚守真实的经营业绩和环境业绩，从而使得报告的使用者能够得到关于公司真实准确的信息。社会政治行为主要由持股人理论和规范性理论构成[23]，持股人理论认为，由于持股人对信息的需要才会有环境信息的环节；规范性理论关注的是企业与社会之间的关系。得益于规范性理论，学者们有了对社会环境探索的普遍途径，企业试图借助规范性理论，使大众相信其行为是正当的，从而缓解了商业的社会负担，但是事实上很难达到这种效果，大多数情况下会出现社会报告偏离企业行为的情况。环境信息披露报告并不只表示他们服从现有的准则，而是要展现公司独特和重大的价值，因此，公司要积极提高自己的社会地位，而非单纯地回应社会需要。弗里德曼（Freedman）通过对京都协议书的研究，证实其合理性，即此理论能促进对温室气体排放的披露[23]。

检验影响环境披露因素的重要手段就是实证分析，通过分析发现，政策因素是影响环境信息披露的重要因素。例如，美国公司在 20 世纪末期正是由于受到政策的压力才进行了积极的环境会计信息披露，澳大利亚也强制规定环境披露报告必须出现在公司当年年度报告中。弗里德曼指出由于公司的规模、产业的差异，使公司的环境信息披露的真实程度存在很大差异[25]，同时，风险承受能力对信息披露的真实性产生影响。弗罗斯特（Frost）选取了多种行业进行实证分析研究[26]，这些行业均对环境信息非常敏感，结果表明，政策因素果然对环境信息披露产生了积极的影响。鲍尔（Ball）认为制度的不同造成了公司的环保披露的不同[27]。受托责任观下的环境信息披露，逐渐变得更加透明，使用者接收信息的时间差也在缩短。

2.2.3 环境成本核算

环境管理需要投入大量的人力、物力和资金。通过对污染的根源进行监控，使其能够在生产运行中得到及时、精确的环境状况[28]，使管理人员能够适时地制定生产方案，从而在某种意义上减少企业的成本支出，实现人与自然的协调发展。环境会计可以区分为成本会计和财务会计两个方面，前者服务对象是内部报告的使用者，而后者侧重于公众的信息披露角度。最初成本控制下的环境管理的数据多数都是被管理者所掌控，股东未能从报告披露中获得相应的信息。随后的发展便是环境的效益问题被更加重视，伯里特指出环境成本管理是一种效益管理工具，它可以使企业的消耗减少，提高收益[24]。

从成本管理的角度来探讨环境成本核算，其焦点是环境成本的确认、环境成本的控制和环境的决策，其中环境成本是最为关键的要素。由于缺少一套协调的测量标准和手段，使得成本控制在环境会计中能发挥的作用有限。对于环境会计的研究，其内部成本和外部成本是我们关注的两个方向。污染治理实际成本核算可以采用重置成本法，也可以采用成本—收益分析方法来确定环境保护措施的投资与总的效益的关联。

目前，在企业的环境会计研究中，大多是从企业的角度进行企业的内部经营与费用控制，是管理人员作出环境决策的依据。

2.2.4 基于外部视角的环境会计

皮古（Pigou）将环境污染的外部表现进行了描述，得到了基于各类外部条件下，边际效应之间的不同关系，并对此进行了解释，从外部性质上揭示了污染问题[29]。这为后世处理环保问题，提供了运用经济学的方法解决外在问题的依据。

排污企业在环境问题中较为特殊，它对社会和其他类别的企业的外部性产生了负向影响，这是亟待解决的问题。基于外部性理论，这是市场配置资源缺乏效率性的表现，可以构建一个污染交易的方法解决上述问题：依托国家公信力，对排放额度进行出售，当然这个额度要在环境污染可控范围内。也可以采用交易许可证制度，从政策角度出发，进行排污控制，并借助理论模型从市场的角度对治污问题进行处理，使其在一定程度上成为一种治污手段。

各国的学者开始围绕这种交易权展开更深层的研究，学者们发现要想扩大交易市场的体量和增加整个市场的活跃程度，需要建立一套较为完善的体系，它包含排放初始分配制度和定价机制。但不合理的初始分配，随意的定价，盲目的交易行为将会导致市场出现无效的情形。实际上，环境治理问题可以采用成本效益原则进行解决。贝宾顿（Bebbington）对温室气体的排放许可进行估值，研究成本费用与温室气体之间的联系[30]。梅特（Mete）认为充分发挥市场的自由度是科学排放交易制度的基础[31]。也可以开征环境保护税，使外部环境费用内部化。

总的来看，基于外部视角的环境会计主要就是为了解决企业环境污染所带来的一系列问题，对排放权交易和环境税的征收都具有引导意义。大部分学者的分析都是建立在产权制度明晰、市场经济制度成熟、法制健全的基础上。因此，其运用的先决条件是要有政府或者有关部门的积极介入，以及建立相应的标准体系和文档来确保其执行的有效性。

2.2.5 基于内部视角的环境会计

在我国的经济发展背景下，学者将环境会计纳入了科学行为管理领域。公司的组织结构是否科学，内部管理的权力制约与公司环境信息的公开息息相关。组织行为科学为环境会计的研究提供了新的解释。

　　鲍尔在环境会计的研究中结合了社会运动和组织理论，对企业为什么要利用环境会计来进行环境管理进行了解释[27]，从而使社会对环境问题的关注度普遍提高，有助于学者深入研究社会与环境的相互关系。科学行为组织理论和环境会计相结合，从多种角度进行研究，实现了跨学科的融合，使环境会计的研究开辟了新的研究方向。

　　首先，我国由于市场经济制度的确立较晚，环境保护制度的不完善，导致我国的环境会计理论起步较晚。其次，我国目前对于污染物排放还不能找到合理的市场指标来量化，成本费用的研究较为粗糙，以致现有的数据无法支持环境成本分析。最后，我国环境信息披露的内容还达不到预期。

2.3　自然资源评估方法与理论

2.3.1　自然资源资产评估国内外研究现状

　　通常来说，自然资源都具备稀缺性这一特质，自然资源资产就是有用的、稀缺的[32]，所有权归属明确是自然资源资产价值实现的基础。随着 SEEA 的出现，在广义上使得自然资源资产的定义中出现了环境资产的概念，具体包括自然资源、生态系统、土地和地表水。SEEA 阐明了环境与经济的互动、环境资产存量和环境的改变；对三个领域进行了核算，从流量来看就是物质与能量实物的变动，环境角度下就是资产存量以及在环境活动中发生的经济活动与交易[33]。

　　国内的自然资源价值评估大致可以分为三个历程：基于 GDP 绿色发展的"缩减时代"、基于生态系统服务的"扩容时代"，以及随着自然资源资产负债表确立的"协调时代"[33][34]。中国各相关部门、科研单位在近几年的自然资源资产会计工作上进行了大量的探讨[35]。通过对国外自然资源会计的研究，并结合中国国情进行了富有中国特点的研究，且已有初步的结果[36]。我国将自然资源资产分为九大类：森林、土地、水、草地、气候、矿产、海洋、能源和其他资源[33]。另外，在对自然资源资产进行评估时，着重于实物量的评估，价值量往往在核算过程中未被考虑，这是因为其评估的相对不确定性导致的。在现行的实践中，人们早已认识到自然资源资产的价值量由实物量和质量决定。目前，我国的自然资源评估体系还未完全成熟，任重道远。

2.3.2 自然资源价值的评估理论

由于在前文提到了自然资源价值形成的理论依据是马克思提出的一系列相关的劳动价值论，那么将其扩展到自然资源的价值评估来看，首先必须确定一个基础来对自然资源价值进行估值[37]。参考劳动价值论的相关核心思想，应当重点关注对自然资源进行再生产所要耗费的必要劳动时间，自然资源价值的评估理论将围绕着此基础进行展开、深化。但由于在早期的较长一段时间内，自然资源的市场价格并不明确，在自然资源的价值论发展后才逐步有了相应的市场价格。

2.3.3 自然资源价值的评估方法

自然资源的价值评估是当今国际学术界普遍关注的一个重要课题。自然资源的评价方法有很多种，各种方法的理论依据都是根据各种资源的种类而定的，参考刘成武的研究，自然资源的评估方法主要包括五大类：费用核算法、现行市价法、替代市场法、假定市场法和现值法[38]。

1. 费用核算法

自然资源价值评估的费用核算法主要适用于可以开发出来，并且在市场上进行销售的自然资源。它的评估指标主要是一些自然资源的开采成本，对自然资源进行保护过程中所耗费的土地成本、劳务等费用。此方法最早被用于会计学中的成本核算。

首先，要对自然资源的价值量 Q_1 进行核算，它由两个部分组成：一是计入成本的土地租金，即资本化的费用；二是为了能够让自然资源的量和质维持在协调的水平下，所必须付出的必要劳动时间和消耗的物质资料的成本。公式如下所示[37]。

$$Q_1 = \frac{R_0 + R_1 + C_0(1+P)}{I} \qquad (2.1)$$

式中：

Q_1——自然资源价值量；

R_0——垄断的土地租金（由自然资源的稀缺性决定）；

R_1——梯级地租 1（由自然资源的质量差别决定）；

C_0——为了能够让自然资源的量和质维持在协调的水平下，所必须付出的必要劳动时间和消耗的物质资料的成本；

P——资本利润率的平均值；

I——复原率，多用存贷款利率表示。

自然资源资产的价值量 Q_2 除了以上所述的 Q_1 外，还包括经营者对其的追加投入，即使得自然资源升值的梯级地租 2（R_2）[37]，因此自然资源资产的价值可以表示为：

$$Q_2 = \frac{R_0 + R_1 + (C_0 + R_2)(1+P)}{I} \qquad (2.2)$$

另外在 Q_2 的基础上，增加其直接的生产成本（C_1），即自然资源勘探、开采、加工等投入的人力物力以及消耗的物质资料的成本，构成了自然资源产品的价值（Q_3）[37]：

$$Q_3 = \frac{R_0 + R_1 + (C_0 + C_1 + R_2)(1+P)}{I} \qquad (2.3)$$

2. 现行市价法

现行市价法又称市场法、市场价格比较法。某些自然资源（如水资源）自身是一种商品，并形成了交易市场，交易数量较大，市场交易价格清晰。市场法就是在资源市场交易的基础上，对自然资源的价值进行评估。在对自然资源进行估价的过程中，由于资源的地理位置差异和资源的不均衡，市场的价格和定价的时机不同，往往需要对资源的市价做出调整，比如进行一系列修正：质量修正、地域修正、时间修正等。目前自然资源的开发利用均受到各种限制，这是由自然资源自身的稀缺特性、资源所属权的垄断性决定的，同时对自然资源进行开采产生的生态环境问题也是巨大的，因此不存在完全自由的自然资源市场，导致了市场上自然资源的价格与其自身价值存在较大偏差。因此，采用市场法对自然资源进行估价，很难确保其精确度。市场法公式如下所示。

$$Q = P^t X^t \qquad\qquad (2.4)$$

式中：

Q——自然资源价值量；

P^t——自然资源在 t 时刻的市场单位价格；

X^t——自然资源在 t 时刻的实物存量。

3. 替代市场法

此方法是市场法的扩展和延伸。它适用于交易市场上并未存在某种自然资源的情况下，或者是交易价格不清晰，但这种资源在流通的市场上存在着可替代品，而这个可替代品已经形成了成熟的交易市场和交易价格，此时便可对暂未存在交易市场的自然资源进行估价。例如，在对森林资源涵养水源价值进行估价时，没有一个可买卖的市场和市场的价格，可以根据水库的建造成本和库容量计算出蓄水单价，作为森林资源涵养水源的单位价值。目前，替代市场法是一种比较有效地评价自然资源的手段，且具有一定的可操作性，但在缺少可替代品的情况下，这种方法是不能使用的。

4. 假定市场法

当某一资源不存在市场时，评估师就会建立一种虚拟的市场，在这个市场上，人们可以设想，所有假定的产品需求者，都会对这个假设的自然产物进行报价，由此构成一个假定市场价格，然后再用这个假定的市场价格来估计自然资源的价值。假定市场法借助福利经济学理论，指出消费者剩余是衡量福利变化的基本指标，并对其作出了解释，即消费者从购买中得到的余下的满足感，量化出来就是消费者希望付出的和实际付出的之间的差值。福利变化主要包括补偿变化、等价变化、补偿剩余和等价剩余四个部分。当需要计量人们支付和接受意愿时，主要是补偿变化和等价变化。当价格降低时，补偿变化是想要在新的价格下为了获得资源而付出的最大支付意愿[37]。反之，价格上升时，补偿变化则是个人能够接受的补偿。等价变化是一个计划的价格下降被放弃时，人们希望接受的补偿；或者是价格上升计划被停止时，人们能够支付的赔偿。在评估自然环境时，其价格的上涨或下跌可以被认为是环境恶化或改善[37]。意愿调查法是一种假定市场法，是询问被调查者是否愿意付出或赔偿。在环境质量趋于稳定时，获利者的支出意向和失利者的补偿意向皆为等价变化值；在环境质量变坏时，此意向则为补偿变化值。意愿调查法要求受访者对自然资源的价值有更深刻和连贯的了解，如果没有，会造成调查资料过于分散以致不能使用。

5. 现值法

现值法即通过对未来会发生的一些费用，按照折现率统一到当下某一时点的方法。以自然资源的租金为依托，现行市价为基础，通过对自然资源资产未来发生的现金流量进行折现来估计自然资源资产的价值，具体通过如下公式表现。

$$Q = \frac{\sum_{k=0}^{\infty} ERR^{t+k}}{\left(1+r_t\right)^k}$$ （2.5）

式中：

Q——自然资源价值量；

ERR^{t+k}——自然资源租金在 $t+k$ 时点的期望值；

r_t——未来现金流量在 t 时点预期带来的收益率；

k——预期的自然资源资金年限。

上述提出的以市场法为基础的自然资源资产估价法，既能充分考虑到市场需求，又能充分体现自然资源的稀缺性，具有可被采纳的优点，但适用的范围有限，并不适用于所有的自然资源。而没有市场参照的资源评估方法虽然在不健全的自然资源资产交易中表现出更大的优势，但是它对数据预测的要求能力较高，同时也具有较强的主观属性。

2.3.4 自然资源价值的评估思路

评估的重点主要是自然资源资产的质量和数量，因此评估框架设立的总体原则有三点：与中国现有的经济会计制度的联系；遵循 SEEA 设定的框架；依托国内的各种自然资源。另外，在账户指标选择中，要坚持以下原则。

（1）同时关注流量和存量

存量是指某一时间点自然资源的总量与构成；流量则是指区别于时点数据，反映的是一个时间段，即一段经营活动中的变化。

（2）不能忽视数量和质量

质与量统一体的表现形式是自然资源资产，其数量主要涉及自然资源资产的期初数、本期增减净值以及期末数[33]。

（3）重点突出实物量，辅以价值量

　　自然资源资产评估的首要环节就是对自然资源资产的实物量进行评估，可以明确地反映出研究地域自然资源的基础情况，然后在对实物量进行核算的基础上，再进行估价得到价值量[33]。从图 2-1 自然资源资产评估思路可知，评估内容主要是自然资源资产的存量和流量，存量主要核算自然资源资产期末实物量和价值量，流量主要核算当年自然资源资产产品实物量和价值量，以及服务产出。实物量核算对象主要包括森林资源、水资源、土地资源、矿产资源资产的数量和质量，价值量核算包括直接价值和间接价值（见图 2-2）。

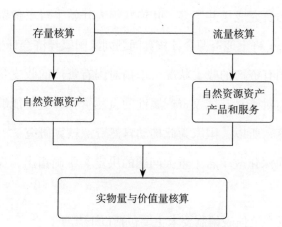

图 2-1　自然资源资产评估思路

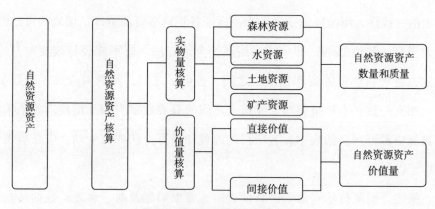

图 2-2　自然资源资产评估框架

第3章　自然资源资产负债表编制

虽然从 20 世纪 90 年代以来，我国就展开了对于自然资源会计核算的研究，但其整体的研究成果并不多。叶艳妹等人开始了对土地资源会计核算问题的探讨，提出了将土地资源会计核算问题列入国家经济会计核算的观点[39]。为更好地把握国有资产的收支状况，李扬对国有资产的收支状况进行了初步探讨，发现目前对于具有国家资产属性的自然资源，还不能够按照统一的标准对其进行核算，所以，国家为此推动自然资源核算研究[40]。2013 年，《中共中央关于全面深化改革若干重大问题的决定》明确指出，探索编制自然资源资产负债表。

自然资源资产负债表编制要求主要包括以下几项。

第一，编制自然资源资产负债表时，在计量和填报方法上，应保持前后年度的一致性，不能随意变动。为了保证各年自然资源资产负债表的可比性，也要贯彻一致性原则，即一经采用某种会计方法，便不能轻易改变。另外，要注意各种自然资源资产负债表之间、各项目之间，凡有对应关系的数字，应该相互一致，本年报表与上年报表之间的有关数字应相互衔接。各个年度的自然资源资产负债表中，各项目的内容和核算方法如有变动，应在报表说明中予以说明。

第二，编制自然资源资产负债表时，要求编制及时、客观，数据具有相关性和可靠性，以供决策的需要。近几年，我国在自然资源资产负债表编制的核算方法上也有新的突破。张少伟等人从负债表编制内容、指标体系及核算方法等方面进行探讨，使用 3S 技术、地理国情监测、空间分析等新技术方法解决负债表编制过程中的困难，提出负债表编制的具体技术方案，对负债表编制具有指导意义[41]。另外，刘利也在自然资源资产负债表编制的基础上进行了相应的拓展，指出应从未来的研究发展方向着手，对于自然资源各相关基本要素以及概念应做到精准定义，适当扩大报表核算的编制范围，制定统一的编制基础，明确编制的目标方向，强化对理论基础的研究以及对报表信息的利用[42]。

3.1 自然资源资产负债表的编制原则

3.1.1 报表编制的一般原则

报表编制原则是为了充分发挥报表的作用，保证报表的质量。编制报表应坚持以下几个原则。

（1）数字真实

在编制报表之前，要做好数据复核和检查工作。报表中的各项数字必须真实，不得弄虚作假。

（2）内容完整

必须按照《自然资源资产负债表试编制度（试行）》规定的报表种类、格式和内容进行编报，不得遗漏。汇总报表也要保证汇总齐全、内容完整。

（3）报送及时

必须按照规定的报送期限及时编制上报，以便有关方面进行检查分析并按时逐级汇总。

（4）说明清楚

对报表中需要说明的问题，应加以文字说明，文字说明应力求简明扼要，使上级单位或有关部门能够更好地理解和应用报表资料。

3.1.2　自然资源资产负债表编制的特殊原则

（1）优先对自然资源资产实物表进行编制，再对其价值进行核算

依据可利用的自然资源数据对实物量进行核算，对其存量、流量，以及平衡状态通过账户形式展示出来。而价值量是通过自然资源的实物数量以及估值数据表现，通过对比分析，在一定时间里对自然资源的价格和收入进行相应的记录。这样核算的优点就是能够较准确地估计价值量，从而可以较清晰地得知特定地区所有各类自然资源的总数量和变动情况，从中发现资源变动的态势，并总结出一定规律，这种方式就是对综合价值量的核算。通过对各种类型的自然资源进行分类，将其纳入同一计量体系。因为编制自然资源资产负债表的困难之处在于核算实物量、价值量，所以采取的编制顺序是先实物，后价值。

（2）优先对自然资源资产存量表进行编制

存量表是一个时间段内的自然资源统计情况表。在存量表的基础上，再核算流量表。存量表和流量表统一于自然资源资产负债表中，二者相互联系，不可分割。存量反映的是某一时点的数据，通过核算自然资源资产负债表的存量，可以得到在某一时刻下存在的自然资源的问题，以及它与经济总量之间存在何种关系。另外，还可以观测出自然资源在不同地域之间的存量差异。存量核算工作的核心是适时地对自然资源流量进行调节，并将其累加起来得到整体的资源存量数据。流量核算则可以帮助我们更好地理解区域内的自然资源变动情况，再结合经济发展的不断变化，从而分析出资源和经济的动态联系。但是，关于自然资源资产负债表的存量、流量核算具有很大的复杂性，

所以采取的编制顺序是先存量，后流量。

（3）优先对自然资源资产分类表进行编制

自然资源包括土地资源、矿产资源、森林资源、草原资源、水资源、海洋资源等类别，不同种类的自然资源具有各自的特殊性，核算对象、核算方法也不一定相同，所以要通过分类核算来分别编制土地资源、矿产资源、森林资源、草原资源、水资源、海洋资源等自然资源资产表，然后再汇总形成自然资源资产总表。对自然资源资产负债表编制顺序按照先分类、后综合的方式，有利于自然资源资产综合价值表的编制。

3.2 自然资源资产负债表的编制思路

3.2.1 自然资源资产负债表编制的总体思路

首先，设计数据采集方案，向自然资源局、统计局、生态环境局、发改局、农业农村局等政府部门，生态环境与资源监测单位以及相关企事业单位收集基础数据，并制作各种自然资源所对应的台账，记录所采集的数据。其次，将各种自然资源按质量等级标准进行分类，根据各个等级对应的资源价格与资源数量以及各资源的价值量核算方法计算自然资源价值，填写自然资源资产价值核算表。同时，核算各种自然资源负债，构建负债账户体系，填写自然资源负债核算表。最后，根据前面所得的数据，编制自然资源资产负债表。

3.2.2 自然资源资产负债表编制的基本工作思路

1. 依据现有文件

自然资源资产负债表编制主要依据以下文件：《国务院办公厅关于印发

编制自然资源资产负债表试点方案的通知》（国办发〔2015〕82号）、《自然
资源资产负债表试编制度（编制指南）》（国统字〔2015〕116号）、《自然
资源资产负债表编制制度（试行）》（国家统计局2018年12月印发）、《县级自
然资源资产负债表编制试点方案》〔含《县级自然资源资产负债表编制制度
（试行）》〕。

2. 借鉴国内试点地区经验

在吸收全国试点地区（内蒙古自治区呼伦贝尔市、浙江省湖州市、湖南
省娄底市、贵州省赤水市、陕西省延安市、福建省福州市连江县）经验的基
础上，制定自然资源资产负债表的编制方案。

3. 参照现有行业标准

由于各种自然资源具有不同的特点，分属于不同的行业，需要按照各行
业标准对自然资源进行具体分类与核算，例如，湿地资源采用《湿地生态系
统服务评估规范》（LY/T 2899-2017）与《中华人民共和国国家标准：湿地分
类》（GB/T 24708-2009）；森林资源采用《森林生态系统服务功能评估规范》
（LY/T 1721-2008）、《古树名木普查技术规范》（LY/T 2738-2016）、《古树名
木鉴定与评估标准》（DBJ 13-110-2009）、《森林资源规划设计调查技术规程》
（GB/T 26424-2010）与《自然资源（森林）资产评价技术规范》（LY/T 2735-
2016）；土地资源采用《土地利用现状分类》（GB/T 21010-2017）、《城镇土地
估价规程》（GB/T 18508-2001）与《耕地质量等级》（GB/T 33469-2016）；水
资源采用《水资源公报编制规程》（GB/T 23598-2009）、《地表水环境质量标
准》（GB 3838-2002）与《地下水质量标准》（GB/T 14848-2017）等。

4. 借鉴国际经验

立足生态文明建设需要，参照联合国等国际组织制定的《综合环境与经
济核算体系2012》（以下简称SEEA2012）等国际标准，借鉴国际案例经验，

对自然资源资产负债表进行编制。

5. 充分利用统计部门、生态环境与自然资源监测单位的数据

以自然资源管理部门的统计调查数据为基础，鉴于各种自然资源都有其特有的增加、减少方式及原因，应按照自然资源变动因素，依据行政记录和统计调查监测资料，建立自然资源增减变化统计台账，填报相关指标。

3.2.3　自然资源资产负债表的编制路径

目前，自然资源资产负债表的编制路径有两种：一种是从会计学原理的角度进行编制；另一种则是按照 SEEA2012 编制。本书尝试的思路就是将两条路径相结合进行编制。

从会计学原理的角度，参考企业资产负债表的编制思路来构建自然资源资产负债表，首先对照企业资产负债表的资产、负债、所有者权益，自然资源资产负债表则设置资源资产、资源负债和资源权益三个部分，同时三者的关系也必须要符合会计恒等式的"资产＝负债＋所有者权益"。虽然在形式上采取了企业资产负债表的编制思路，但是关于自然资源资产负债以及权益的界定，是比较复杂的一个工作。不同于传统的资产负债表的资产、负债、所有者权益，已经有了长久的发展和完善。在自然资源资产负债表中，界定最不清晰的就是自然资源负债。李丰杉等人认为植被破坏、大气污染、水资源污染、土地资源污染是自然资源负债的内容[43]。而姚霖、余振国等人指出资源消耗、环境退化、资源管理和环境维护支出等才是自然资源负债的内容[44]。在生态退化等方面，由于不同的资源之间的交互作用，导致了生态环境的恶化，并不是受某一种资源变化所致，所以某一类资源的环境退化值无法计算。通过以上讨论可以看出，要想从会计学原理的角度来对自然资源资产负债表进行编制，不能像企业资产负债表那样达到使报表使用者一目了然的效果。

结合 SEEA2012 体系进行自然资源资产负债表的编制才显得更加合适。从自然资源的存量入手，遵循"期末＝期初＋本期发生额"的等式进行编制，其中本期发生额即存量发生的增减净额。导致自然资源存量发生变化的原因可以分为人为原因和自然原因，人为原因就是人类的经济活动会在一定程度上使得自然资源存量发生变化，而自然原因则是自然资源自身发生的一系列变化，如植物的自然生长、光合作用、树木枯死等造成的存量变化。以森林资源为例对自然资源资产负债表编制思路进行展示，如表 3-1 所示，可以看出按照该思路构建的自然资源资产负债表能够呈现出清晰的数学关系，并且也能使得等式成立，同时也能从中得到关于自然资源的实物量和价值量的变化。资产负债表是一个时点表，所以自然资源资产负债表也是一个时点表，可以反映生态环境状态的时点情况，将其综合列报出来。

表 3-1　森林资源实物量核算表

项目	林地（公顷）	林木（立方米）	林副产品（吨）	古树名木（株）
期初存量				
存量增加： 　　人为原因 　　自然原因				
存量减少： 　　人为原因 　　自然原因				
期末存量				

3.2.4　自然资源资产负债表的编制步骤

自然资源资产负债表编制之前，首先要确认报表中的资产、负债和权益要素；其次对这些要素分别采用某种方法进行计量；最后把计量结果填入自然资源资产负债表中，即自然资源信息披露或报告。

1. 自然资源资产负债表要素的确认

（1）自然资源资产确认

自然资源是指在特定的时期和条件下，可以创造经济利益，从而改善人类目前和将来的福祉资源。马永欢指出，只有具有稀缺性、有用性和清晰的物权三个要素，才能被称作自然资源资产[45]。封志明等人认为，自然资源资产是有关产权主体明确，以及使用权和所有权清晰的资产，可以为会计主体提供预期的收入[46]。总体而言，自然资源资产有以下三个共性：一是有价值。自然资源资产具有可估价性，对其进行价值认定，可以有效地改变人们长期以来忽视自然资源资产属性的观念。二是范畴不稳定。随着人类对自然资源资产的开采和使用范围的改变，自然资源资产的会计范畴也会随之改变。三是地理联系。由于各经济主体的地理位置不同，自然资源的保有量和消耗量也会发生变化，所以，自然资源资产的会计处理应该遵循地理空间的分配原则。2015 年，国务院办公厅《关于印发编制自然资源资产负债表试点方案的通知》指出，要对土地资源、林木资源和水资源的资产账户的编制进行探索，另外在条件允许的前提下，还可以增加对矿产资源资产账户的探索。但是，我国自然资源资产负债表的试点工作还没有完全覆盖到所有自然资源资产。自然资源资产首先是被国家拥有，并通过货币计量，对其开发利用预期会给国家带来经济效益，主要包括国家对其进行一系列经济活动后产生的经济收入和应收款项等。不同于传统会计的资产，自然资源资产在所属权上是专属于国家的，因此从自然资源资产的界定上来看，不在以上范围内的资产是不能被定义为自然资源资产的。把自然资源资产作为一级科目，在一级科目下可以划分森林资源资产、水资源资产、土地资源资产和矿产资源资产等，这些作为自然资源资产的二级科目。

（2）自然资源负债确认

在会计方面，负债是由以前的交易或其他事件所构成的，而实现这种责任将会产生现金流出，并以货币尺度来衡量。尽管 SNA 和 SEEA 都没有提出"自然资源负债"的概念，但是，在自然资源的环境循环流动中，不仅要重视其"资产属性"，而且要注意其在经济发展过程中所产生的"债务属性"。张友棠等人指出，自然资源债务是指由于过去对自然资源开发造成的损害而造成的现存自然资源的净损失或净牺牲，是为了恢复原有的生态环境[47]。高敏雪认为，应当把自然资源的过度消费看作一种自然资源的债务，把正常的资源消费看作一种资产的降低，而不是一种债务的增长[48]。胡文龙等人提出，自然资源负债是指在一定时间内，由会计主体在一定时间内对自然资源负有的"现时义务"[49]。还有一些学者则认为，目前的技术条件下，自然资源负债核算工作太过繁杂，缺少可操作性，因此，SEEA2012 提出的"环境费用账户"比"自然资源负债"更具优势。总而言之，如何在自然资源资产负债表上准确地披露自然资源负债，确保其"债务"的真实，是当前亟待解决的问题。自然资源负债是指由于人类的生产活动而导致的自然资源和环境的丧失，同时为了使其恢复效能所付出的代价。它包括关于当期对自然资源过度消耗后在未来进行恢复所发生的费用，即一项或有负债；为了维护自然资源环境生态所发生的环境治理成本等。

（3）自然资源权益确认

自然资源权益主要关注的是其价值应当归属于何处。所有者的权益还取决于初始投入和后续的追加或收入的变动，可以再分为初始权益、追加权益和剩余权益。

2.自然资源资产负债表要素的计量

（1）自然资源资产的计量

要对自然资源的价值进行评价，必须先对其实际数量进行测算，而最终的各种报告的编制资料都是基于其实际的会计核算处理和估价资料。通过对实际的自然资源资本数量的测算，运用一种较为合理的评价手段，实现对自然资源资本的估价。

①自然资源资产的计量属性

a.历史成本。在会计核算中，以历史费用来体现其账面价值，是会计核算中的一个重要依据，通常使用历史成本来反映自然资源资产的账面价值。自然资源之所以具有"客观性"，是由于其本身就是一种现实的、客观的、唯一的财产；可核实的原因在于，自然资源的历史费用便于会计核算，同时也存在着一种"委托—代理"的联系。例如，以独资、合资、出租或营运出租获得的海洋使用权、石油勘探和开发权等，将以其金钱交易额作为其历史费用[50]。

b.储量认可法。在通常的会计计量中，如果自然资源资产贬值，那么历史成本计量的结果与现有自然资源资产的价值会有很大差别，从而使资产计量不够准确[50]。美国证券交易委员会（SEC）提出了一种基于价值的核算方法，即"储备确定法"（RRA）。RRA是基于当前的价格、成本、税率，通过对资源储量的未来现金流的贴现，得出资源储量的价值、利润等各项经济指标。

c.重置成本。重置成本指的是若在此时此刻，想对自然资源的价值进行重新的核算评估，所需要花费的成本，也可叫作现价成本。

d.可变现净值。采用可变现净值计量时，自然资源资产按照其正常对外销售所能收到现金或者现金等价物的金额，扣减估计将要发生的相关成本后的金额计量。

e.未来现金流量现值。未来现金流量现值是指人类在日常活动中，就一项自然资产进行的一项交易所产生的现金流入的现值，或者说折现价值。自然资源既有当前的生态价值，也有今后需要支付的运营成本，以维持其生态循环的平衡。在此基础上，引入了时间价值的概念，并将其引入了自然资源资产中。

f. 公允价值。在一个合理的市场价格条件下，可以通过交易资源来获得或抵销所拥有的资源。要运用公允价值，必须具备两个基本条件：一是要建立一个公正、有序的自然资源资产交易市场；二是卖家可以与买家谈判，获得最后的价格，或者获得相应的市场报价，这样才能更好地衡量这一类资源的公平价值。在现实生活中，如果能在市场上交易，就能获得较为合理、公正的价格。因此，要想对资源的价值进行合理的计量，必须通过公开公平的方式来获得[50]。

②自然资源资产实物量与价值量的计量

在一个动态化的情况下，一个国家的一种可衡量的资源，通常不是一个常数，因此需要在目前的科技水平下，构建一个能够准确推断出资源储量与流动总量的数学模式。

根据自然资源的总量，对这一类型的自然资源的现存储备进行估算，然后根据估算得到这一类型的自然资源在一定时间的变化，从而得到这一类型的自然资源的利用价值。目前对自然资源的估价主要有成本核算法、市场价格法和假定市场法。对于自然资源资产的计量，还没有一个被大家认可的、具有权威性的方式，而自然资源的类型多种多样，并且不同的自然资源，乃至同一类型中的不同资源也不一样，这就造成了对自然资源资产价值量估值的复杂性和难度。

（2）自然资源负债的计量

胡文龙、史丹提出，无论运用什么理论来研究与负债有关的概念，都应尽可能与 SEEA2012 的国际统计准则相适应，使得负债期初存量、期末存量、存量增加和存量下降四个方面经由实物单位来呈现[49]。封志明、杨艳昭、闫慧敏在承德市的自然资源资产负债表编制中，利用账户分别对自然资源的滥用、水污染、大气污染等造成的破坏、各种不同生态系统贡献能力的削弱或消失进行列报[51]。陈艳利等人提出，自然资源种类繁多，属性差异明显，应根据各自的特征，选用适当的计量手段[52]。随着实物资料的相对完备，测绘技术的不断革新，航测技术能够全面、准确地测量出资源的具体分布，从而具有一定的可操作性。

多数学者主张，对自然资源的资产、负债进行估价，应当与自然资源核算中所采用的价值化方式相协调。我国目前的自然资源资产评估方法有两种：一种是市场法；另一种是费用法。市场法是指当一个市场条件成熟时，以资源的真实交易价格计算其价值，它的作用是把自然资源的债务界定为对自然资源过度消耗的债务；而费用法则主要用于对被破坏的环境进行还原所需的费用进行计算，并将其界定为对环境的污染控制与恢复控制。

除以上几种方法适用于各种自然资源负债价值计算之外，有些自然资源计量也有其独特的方法。比如，水资源负债可以根据"环境污染治理项目"和"污水处理项目"的投入来计算其债务；利用成本费用和基准地价对土地资源债务进行测算。

（3）自然资源资产负债表要素的报告

自然资源资产负债表是对一个区域在一定时期内所具有的自然资源资产总价值，和将其保持在一定的标准以上的费用（负债）的报告。科学地进行自然资源资产负债表的信息披露，可以对自然资源资产的价值和企业的环境负债有一个较为全面的认识。

①完善信息披露模式

在编制自然资源资产负债表时，由于其信息量大、结构复杂，因此，在进行信息公开时，既要注重报表本身的量化数据，也要注重关于报表的附注。在需要的时候，还可以将图表说明和文字说明补充在对报表信息进行分类细化的扩展中，并采用价值信息、文字图表等多种披露方式，提高信息的可读性和易懂性，以适应信息用户的需要。

②丰富信息披露指标

在自然资源资产负债表中，要考虑多项指标，以及各种因素的影响。例如，在计算初始和年末的定量分析中，采用绝对值指数，既能体现出价值量，又能体现出实物量；在自然增长率和森林资源利用率上，采用相关指数作为度量标准。二者的有机整合可以更系统、更科学地进行综合的数据公开，增强数据的关联度和可比性，从而为用户提供更多有效的决策依据。

③创新使用信息披露方法：事项法

美国乔治·H. 索特（George H. Sorter）的事项法可以有效地解决环境会计信息的诸多不足。他在所著的《基本会计理论中的事项法》（*An "events" approach to basic accounting theory*）中对事项法会计的基本理论进行了较为全面的论述[53]。该方法把项目划分成一个最基本的单位，在日常账务中只对各种业务进行储存和转移，而没有进行会计处理。

自然资源资产负债表及其附注的信息披露可以借助事项法会计。首先，它可以利用各种计量属性来满足不同信息使用者的需要。例如，可以使用货币、重量和质量等级等来进行信息披露。其次，在价值法下，只反映了经济事务的价值，非价值的信息是不能披露的，而事项法既能反映经济事务的价值，又能帮助信息使用者做出理性的判断，有利于保护自然资源。最后，在价值法中，不同的会计处理方法会影响资源的可比性。在报表方面，事项法也能适应用户的不同需要。例如，农场主想知道土地的用途，商人要看它的市价，环境保护相关人员要看它的污染情况，这一切都可以用事项法来说明。

总之，事项法会计披露模型可以最大程度地反映自然资源的状况，为用户提供更多有用的信息，同时也突出了实质重于形式的信息质量特征，可以在自然资源资产负债表的探讨中适当运用。

3.3　自然资源资产负债表编制的基本框架

3.3.1　自然资源资产负债表编制的基本框架的研究现状

国内的部分学者从 SEEA2012 和《国民账户体系 2008》(以下简称 SNA2008)两个角度出发,探讨了自然资源资产负债表的构成要素。从账户、自然资源平衡表、国家资产负债表等方面进行了研究[54]。封志明等人提出"先分类后汇总""先存量后流量""先实现实物,后实现价值"的技术思路[55]。黄溶冰、赵谦就我国自然资源资产负债表的职能和管理机理进行了阐述,并对其框架、关键问题和解决办法进行了分析,并提出将资产负债表、负债核算表、存量和变动核算表等有机地组合在一起,构成了自然资源资产负债表[56]。韩德军着重于土地资源资产负债表的编制,传统的核算方法侧重于经济中有关价值的实践和理论,而他所提出的方法,是从社会、生态、经济的角度,运用有关的价值模型、国民经济核算体系和土地评估法来计算[57]。刘毅、张翠红认为,要从净资产、负债和资产三个方面来进行分类,并指出自然资源资产负债表由综合价值表和实物资产划分表共同组成;另外,还以宁夏回族自治区银川市永宁县为对象,进行相关问卷调查,将所得资料进行综合分析[58]。徐子蒙等人在借鉴会计学相关理论的基础上,研究提出自然资源资产负债表的目标、假设、定义,以及报表要素、内容、结构和编制方法[59],并以土地资源为例,尝试设计了自然资源资产负债表体系。

3.3.2　自然资源资产负债表的基本框架图

想要对特定地区、特定时间的自然资源状况进行了解,必然要依靠自然资源资产负债表,它列报了我们需要的很多数据,诸如,自然资源资产量、结余数量、消耗数量等。自然资源资产负债表是一个系统化的账户,从中可以掌握自然资源的拥有、退化等信息。具体来说,首先,编制自然资源资产负债表需要包括自然资源资产实物、价值存量,以及不同时期的变动情况,这主要由三张表来体现,分别是自然资源实物量表、自然资源价值量表、自然资源质量表,以上都是围绕自然资源资产这一类别进行展开的。其次,通过自然资源负债表对维护生态环境以及过度消耗自然资源所付出的成本代价进行核算。最后,再通过"权益=资产-负债"来构建自然资源资产负债表的基本框架(见图 3-1)。由此看出自然资源资产负债表并非是一张简单的核算报表,这与传统的资产负债表有一定的区别,其实质是一套综合的管理报表,通过这一套表的编制,可以得到自然资源的数量、价值、质量等信息。总的来看,在汇总了各类自然资源资产、自然资源负债的数据之后,主要有六张核算表(实物表、质量表、价值表、资产汇总核算表、负债表、自然资源资产负债表)。

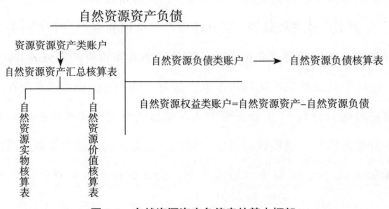

图 3-1 自然资源资产负债表的基本框架

3.3.3　自然资源实物量核算表

对于自然资源实物表的编制，涉及各类自然资源的实物核算（土地资源、水资源、森林资源、矿产资源、海洋资源等）。在生命周期理论的基础上，根据每一项资源的增减变动，观测出它们的实物变化过程，具体样式通过表3-2 进行展示。从这个表格可以看出，横向列示主要自然资源的五大分类，纵向列示自然资源实物量的增减变动状况，并且根据期初、期末以及当期的增减变动净额的原因进行分类。其中，自然增量如植物的自然增长，新发现量如对矿产资源勘察的新发现，经济增量如由于林业发展的需要影响经济林面积的扩大；对应的自然减少量如植物的自然死亡，经济减少量如由于经济发展导致农业耕地面积减少等。而对于重估的增减量，指的是对于自然资源统计方法的变动而引起的统计额发生的增减变动，例如，估值方法的变更，还有价格和技术的变化，都会造成重估的变动。以水资源为例，合理循环利用水资源在一定程度上会使水资源量增加，气候长期干旱的地区、人类过度索取等原因造成水资源量减少，再按照"期初存量 + 本期发生净额 = 期末存量"的等式关系，就能够得到水资源存量以及平衡状态。

表 3-2　自然资源实物量核算表

项　　目	土地资源	水资源	森林资源	矿产资源	海洋资源
期初存量					
本期增量： 　自然增量 　新发现量 　经济增量 　重估增量					
本期减少量： 　自然减少量 　经济减少量 　重估减少量					
期末存量					

3.3.4 自然资源资产汇总核算表

一方面，自然资源质量表为自然资源实物核算表和自然资源负债表的编制提供了数据支持，它的分类大致上也对应以上所述的自然资源实物表，其中，水资源和土地资源实物量核算表是水资源质量表和土地资源质量表的基础。按照不同的质量等级，对不同的自然资源状况进行统计，最后汇总得到自然资源实物核算表。另一方面，在自然资源质量表的基础上，使用恰当的估算方法，对因过度消耗自然资源而所要发生的恢复成本进行核算，从而为编制自然资源负债表提供数据来源。

有了以上的实物量统计基础，再结合前文介绍的自然资源评估方法，就可以对某个地区建立自然资源实物核算表以及自然资源价值核算表，然后进行汇总，最终构建出自然资源存量和流量变化的汇总表（见表3-3）。从此表可以清晰地得到某地区在某一时点上拥有的自然资源资产。另外，我们还可以发现自然资源资产核算的基础来源于实物量和价值量表，其中本期增量归属于自然资源资产，而本期减少量则看作是自然资源资产减值，表中的期内净变动量通过本期增量和本期减少量来计算，即新增自然资源资产与自然资源资产减值的差额。

表3-3　自然资源资产汇总核算表

项目	土地资源		森林资源		矿产资源		……
	实物量	价值量	实物量	价值量	实物量	价值量	
期初存量							
本期增量： 　自然增量 　新发现量 　经济增量 　重估增量 　其他							

（续表）

项目	土地资源		森林资源		矿产资源		......
	实物量	价值量	实物量	价值量	实物量	价值量	
本期减少量： 　自然减少量 　经济减少量 　重估减少量 　其他							
期内净变动量							
期末存量							

3.3.5　自然资源负债核算表

自然资源负债核算表（见表 3-4）的构成包括过度的损失成本，未来将不得不通过消费来弥补。如果自然资源的质量下降到一定标准，过度的资源消耗就会得到补偿，同时也会对环境造成破坏。要恢复环境的生态效能就会发生治理成本，环境治理成本可以直接从一个地区的环境投资、环境成本和其他账户中计算出来。此外，政府将承担部分自然资源权利转让的费用。例如，恢复期间退耕还林补贴可以通过自然资源部《中国国土资源公报》和《中国统计年鉴》提供数据来源。

表 3-4　自然资源负债核算表

项目	期初数额	本期发生额	期末数额
应付政府补贴款 应付自然资源过度耗减成本 应付环境治理成本 环保投入 环保设备投入 环保技术投入 环保资金投入 环境管理费用			
其他			
自然资源负债合计			

3.3.6　自然资源资产负债表

有了上述的自然资源资产汇总核算表、自然资源负债核算表，根据资产负债表方程式"资产＝负债＋权益"[54]，以账户格式编制自然资源资产负债表（见表 3-5）。资产账户在左侧，代表自然资源资产的存量；负债和权益在右侧，体现出自然资源资本的来源情况。尽管自然资源资产负债表不遵循严格的平衡要求，但通过其账户形式的样表，不仅可以揭示自然资源资产的表现形式和库存状况，还可以使我们重视来源于自然资源负债的负担和压力，能够更好地反映生态文明背景下自然资源的生态绩效评估。

表 3-5　自然资源资产负债表

项目	期初余额		期末余额	
	实物量	价值量	实物量	价值量
一、自然资源资产				
（一）土地资源资产				
1.耕地资源资产				
……				
土地资源资产合计				
（二）森林资源资产				
1.林木资源资产				
……				
森林资源资产合计				
（三）矿产资源资产				
1.金属资源资产				
……				
矿产资源资产合计				
（四）水资源资产				
1.生活用水				
……				
水资源资产合计				
（五）海洋资源资产				
1.海洋生物资源				

（续表）

项目	期初余额		期末余额	
	实物量	价值量	实物量	价值量
………				
海洋资源资产合计				
（六）其他自然资源资产				
自然资源资产总计				
二、自然资源负债				
（一）应付政府补贴				
1.土地资源				
2.森林资源				
………				
应付补贴款项合计				
（二）应付过度损耗				
1.土地资源				
2.森林资源				
………				
应付过度损耗合计				
（三）应付环境治理				
1.环保投入				
2.环保设备投入				
3.环保技术投入				
4.环保资金投入				
5.环境管理费用				
应付环境治理合计				
（四）其他自然资源负债				
自然资源负债合计				
三、自然资源净资产				
（一）政府初始投入				
（二）自然资源资产评估增值				
（三）剩余权益				
自然资源权益合计				
自然资源负债和权益合计				

第4章 森林资源资产负债表

森林资源是林地及其所生长的森林有机体的总称。森林资源的储量主要是活立木蓄积量,指一定林地面积上存在着的林木树干部分的总材积。森林资源总蓄积量和单位面积蓄积量是衡量森林资源丰富程度和森林质量的重要指标。其核算范围包括各地区的所有林木资产。根据《中华人民共和国森林法》《中华人民共和国森林法实施条例》《国家森林资源连续清查技术规定》(2014)和《森林资源规划设计调查技术规程》(GB/T 26424-2010),森林资源可以分为三大类,如表4-1所示。

表4-1 森林资源资产分类

一级	二级	三级	含义
森林	乔木林	天然林	由乔木树种组成且郁闭度0.20以上的植物群落
		人工林	
	竹林	天然林	由竹类植物组成且郁闭度0.20以上的植物群落
		人工林	
	国家特别规定的灌木林	天然林	指国家特别规定的灌木林,包括经济灌木林、乔木生长界线以上的灌木林、降雨量400mm以下地区的灌木林、岩溶地区的灌木林和干热河谷地区的灌木林
		人工林	
其他林木			指除森林以外的林木,包括疏林、散生木和四旁树

结合当前国内外关于森林资源资产负债表的研究,本书研究目的主要有以下两个方面。

（1）理论方面

目前，我国关于森林资源资产负债表的理论基础研究还不完善，仍然处于初级的探索阶段。本书将进一步研究森林资源资产负债表的基本理论；另外，对森林资源从实物量与价值量两方面进行核算，使得森林资源报表体系的构成逐渐丰富。

（2）实践方面

首先，为了摸清地区森林资源的"家底"，增强对森林资源的保护意识，落实对森林资源的相应责任；其次，为了对地区森林资源负债进行量化并探索成因；最后，为了对领导干部实行自然资源离任审计与绩效考评，并提供数据。

编制森林资源资产负债表是落实国家政策、推进生态文明建设的体现，有利于完善并推行生态问责制度；有利于地方政府综合考虑环境债务，实现地区良性可持续发展；有利于提高对当地森林资源保护的自觉性，推动完善森林资源有偿使用和生态补偿制度。

4.1　森林资源实物量核算

4.1.1　森林资源主要存量和质量指标

1. 主要存量指标

主要存量指标包括各地类森林资源面积（林地、灌木林、疏林地）、各优势树种蓄积量（针叶树、阔叶树、针阔混交林）、竹林密度、古树名木株数等。

2. 主要质量指标

主要质量指标包括森林覆盖率、郁闭度、单位面积蓄积量等。

4.1.2 森林资源数据采集

1. 林地资源数据采集

（1）林地地理与权属信息采集

采集林地地理与权属信息，包括林班号、大班号、小班号、小班面积；经营权属：县（市、区）；经营权属：乡（镇、场）；经营权属：村（工区）；山权等信息。

（2）林地资源信息采集

林地资源数据来源于森林资源Ⅱ类清查年度变更数据，主要包括地类、立地质量等级、坡度、区位代码等。可以从林业行政主管部门的小班一览表中获取这些信息，如表4-2所示，为森林资源小班一览表。

2. 林木资源数据采集

林木资源数据采集对象为各级林业行政管理部门，采集的林木数据按照优势树种可以分为杉木、马尾松、桉树、木麻黄、阔叶树、竹林等。存量数据来源于森林资源二类清查年度变更数据，存量减少数据主要来自森林采伐、森林火灾损害调查、森林病虫害损害调查等。

采集的林木数据信息主要包括所属村（工区）、林班号、大班号、小班号、小班面积、林种、林权、郁闭度、起源、年龄、树种组成名称、平均胸径、平均树高、每亩林木株数、每亩林分蓄积、小班林分蓄积、小班毛竹（杂竹）株数、小班散生木蓄积、小班散生竹株数等。可从表4-2中获取这些信息。

表 4-2　森林资源小班一览表（部分信息）

设区（县、市、区）	乡（镇、工）	村（区、场）	林班号	大班号	小班度号	年度	小班面积	经营权属（县、市、区）	经营权属（乡、镇、工）	经营权属（村、区、场）	地类	林种	山权权属	林权权属	优势树种组	树种名称	起源	郁闭度	年龄组	平均胸径	每亩株数	每亩蓄积	小班毛竹（杂竹）蓄积株数	小班散生木蓄积（散生木）等级	保护等级	生态林经营质	生态公益林小号等级	原小班号	立地类型名称或代号	坡度级	基地类型	经营林类型名称或代号	措施类型树种	位代码	区标识	特

3. 古树名木数据采集

古树名木以园林部门所提供的古树名木详细数据为基础。古树名木信息表，如表4-3所示。

表4-3　古树名木信息表（部分信息）

树种	保护等级	树龄	长势	树围（米）	生长地点	场地类型	是否古树	是否名木

4. 林副产品数据采集

林副产品是指林业生产中除主产品之外的其他产品，林业生产的主产品一般为木材，副产品一般为木材以外有经济价值的其他产品，如油菜籽、油桐籽、乌桕籽、松脂、生漆、五倍子、棕片、林下药材等。林副产品数据来源于《中国林业和草原统计年鉴》。

4.1.3　森林资源台账设置

为提高森林资源资产管理水平，规范森林资源资产数据获取途径，建立台账，开展台账基础数据采集，以便掌握准确、完整的森林资源资产情况，为自然资源资产负债表的编制提供依据。

各单位、部门应当按要求建立符合本单位实际的台账，台账管理人员负责数据登记、资料收集、资料保管等工作。同时，台账管理人员对本单位台账填报过程中出现的数据变更情况及时向主管领导汇报，重要情况应同时向有关部门通报。此外，台账审核人员应当对台账所附资料进行审查，发现数据不符、资料不全或有虚假填报行为时，应及时要求数据采集人员采取措施予以纠正或补充资料，以保证填报数据的有效性和真实性。

各森林资源资产管理单位应当把台账充分运用到日常管理工作中，充分掌握本单位森林资源资产情况，及时发现森林资源资产管理中存在的问题，提高森林资源资产管理水平，同时将台账数据应用到自然资源资产负债表编制工作中。

1. 台账内容

将采集的森林资源实物量的数据编制成台账，目的是便于把收集到的数据填入表格，对数据进行集中规整分类，能够更加合理直观地查阅数据，为后续的数据分析和资产负债表填制做准备。森林资源台账主要包括实物量台账和价值核算台账。编制森林资源实物量台账时，数据获取需统计收集各项森林资源实物量数据并填入表格，并为森林资源增减变动表和森林资源资产价值量表的编制提供数据支持。

台账的建立及其内容以森林资源数据采集的结果为依据，对"森林资源的现有存量、森林资源的实物量、森林资源质量等级"进行记录。然后对森林资源的增减变动进行核算，为森林资源资产负债核算提供数据支撑。

2. 森林资源增减变动台账

森林资源增减变动表是一份能够反映森林资源变化的动态报告，它可以指明森林资源的流动方向，将林地和主要物种的期初存量、期间增加量、期间减少量、期末存量都列了出来。本表格符合"会计核算期间的资产增值－会计核算期间的资产减值＝会计核算期间的资产净变动额"的定量关系。将森林资源的期间变化再划分成两个阶段，分别是期间的增长和期间的下降，之后再以人为因素和自然因素为依据，对其产生的影响进行更深层次的划分，最终将其划分成几种类型，对其进行统计和核算。人为因素包括人工造林、规划调整、采伐、规划调整、土地征用等；自然因素主要有森林火灾、林地的自然扩展和退化、病虫鼠害和其他自然原因。根据森林资源增减变动表，如表4-4所示。

表 4-4　森林资源增减变动表

时间：

变动原因			行次	林地面积	林木蓄积量	古树名木
单位			甲	公顷	立方米	株
期初存量			A			
期间变化	期间增加	人为因素 人工造林	B			
		人工更新	C			
		飞播造林	D			
		封山育林	E			
		其他	F			
		合计	G=B+C+D+E+F			
		自然因素 自然生长	H			
		其他	I			
		合计	J=H+I			
	期间增加量		K=G+J			
	期间减少	人为因素 采伐	L			
		征占用林地	M			
		规划调整	N			
		毁林	O			
		其他	P			
		合计	Q=L+M+N+O+P			
		自然因素 林木枯损	R			
		森林火灾	S			
		地质灾害	T			
		病虫鼠害	U			
		其他	V			
		合计	W=R+S+T+U+V			
	期间减少量		X=Q+W			
	期间净变化量		Y=K-X			
期末存量			Z=A+Y			

3.森林资源实物存量台账

将采集的森林资源实物量数据编制成台账，具体内容如表4-5所示。在表格中，林地以其面积作为评价林地资源资产的基本指标，计量单位为公顷；林木资源以蓄积量为指标，计量单位为立方米；林副产品，是指除了主要的林业产品（木料）之外，其他一切有特定经济价值或特点的林产品的统称，通常用"吨"来衡量；古树指的是年龄超过一百岁的参天大树，而那些稀有珍贵或具有历史和纪念意义的树种，就可以被称作名木，其测量的标准单位是株（见表4-6）。

表4-5　森林资源实物量台账

类别	林地质量	指标及计量单位	期初存量	期末存量	变化率（%）
一、林地总计	Ⅰ类地	面积，公顷			
	Ⅱ类地	面积，公顷			
	Ⅲ类地	面积，公顷			
	Ⅳ类地	面积，公顷			
	Ⅴ类地	面积，公顷			
	合计	面积，公顷			
（一）竹林和乔木林地合计	—	面积，公顷			
其中：1.乔木林	—	面积，公顷			
2.竹林	—	面积，公顷			
（二）疏林地	—	面积，公顷			
（三）灌木林地	—	面积，公顷			
（四）无林地（含宜林荒山、采伐迹地、火烧迹地）	Ⅰ类地	面积，公顷			
	Ⅱ类地	面积，公顷			
	Ⅲ类地	面积，公顷			
	Ⅳ类地	面积，公顷			
	Ⅴ类地	面积，公顷			
（五）其他林地（未成林造林地、苗圃地等）		面积，公顷			

类别		林地质量	指标及计量单位	期初存量	期末存量	变化率（%）
二、林木资产合计			蓄积量，立方米			
			面积，公顷			
森林中林木资源	主要树种名称（一）-1	中幼林	蓄积量，立方米			
			面积，公顷			
		近成熟林	蓄积量，立方米			
			面积，公顷			
		成、过熟林	蓄积量，立方米			
			面积，公顷			
	主要树种名称（一）-2	中幼林	蓄积量，立方米			
			面积，公顷			
		近成熟林	蓄积量，立方米			
			面积，公顷			
		成、过熟林	蓄积量，立方米			
			面积，公顷			
	主要树种名称（一）-3	中幼林	蓄积量，立方米			
			面积，公顷			
		近成熟林	蓄积量，立方米			
			面积，公顷			
		成、过熟林	蓄积量，立方米			
			面积，公顷			
	主要树种名称（一）-4	中幼林	蓄积量，立方米			
			面积，公顷			
		近成熟林	蓄积量，立方米			
			面积，公顷			
		成、过熟林	蓄积量，立方米			
			面积，公顷			
	主要树种名称（一）-5	中幼林	蓄积量，立方米			
			面积，公顷			
		近成熟林	蓄积量，立方米			
			面积，公顷			
		成、过熟林	蓄积量，立方米			
			面积，公顷			

（续表）

类别		林地质量	指标及计量单位	期初存量	期末存量	变化率（%）
森林中林木资源	······	······	······			
	（二）竹林		株数，根			
			面积，公顷			
	（三）经济林		面积，公顷			
	（四）其他		蓄积量，立方米			
			面积，公顷			
公园绿地林木资源	（1）公园绿地	市管	保存绿化面积，平方米			
		区（县）管				
	（2）行道树	市管	行道树保存量，株			
		区（县）管				
三、古树名木合计			株数，株			
（一）一级古树			株数，株			
（二）二级古树			株数，株			
（三）三级古树			株数，株			
（四）名木			株数，株			

表4-6 古树名木资源汇总表

序号	树种	保护等级	树龄范围	株数
1		一级	300年以上	
		二级	100年以上300年以下	
		三级	100年以下	
2		一级	300年以上	
		二级	100年以上300年以下	
		三级	100年以下	
3		一级	300年以上	
		二级	100年以上300年以下	
		三级	100年以下	
4		一级	300年以上	
		二级	100年以上300年以下	
		三级	100年以下	

序号	树种	保护等级	树龄范围	株数
5		一级	300 年以上	
		二级	100 年以上 300 年以下	
		三级	100 年以下	
6		一级	300 年以上	
		二级	100 年以上 300 年以下	
		三级	100 年以下	
7		一级	300 年以上	
		二级	100 年以上 300 年以下	
		三级	100 年以下	
8		一级	300 年以上	
		二级	100 年以上 300 年以下	
		三级	100 年以下	
9		一级	300 年以上	
		二级	100 年以上 300 年以下	
		三级	100 年以下	
10		一级	300 年以上	
		二级	100 年以上 300 年以下	
		三级	100 年以下	
……	……	……	……	……

4.1.4 森林资源质量分级

以林地的自然属性和经营条件为主要依据，综合评定林地生产力等级，按照国家林业局《全国林地保护利用规划纲要》的要求将林地质量划分为Ⅰ、Ⅱ、Ⅲ、Ⅳ、Ⅴ五个质量等级，实行林地质量等级综合评价[60]。不同等级的林地租金不同，林地资源价值也不同。参考中华人民共和国林业行业标准《主要树种龄级与龄组划分》（LY/T 2908-2017），将林木资源按树龄分为中幼林、近成熟林以及成、过熟林。具体评定标准如表4-7所示。

表 4-7　森林资源资产等级评定标准

指标	评定依据与标准	质量等级	
林地资源	国家林业局《全国林地保护利用规划纲要》	I	
		II	
		III	
		IV	
		V	
林木资源	中华人民共和国林业行业标准《主要树种龄级与龄组划分》（LY/T 2908-2017）	幼龄林	林分质量好
			林分质量差
		中龄林	林分质量好
			林分质量差
		近成熟林	林分质量好
			林分质量差
		成、过熟林	林分质量好
			林分质量差

4.2　森林资源价值量核算

4.2.1　森林资源价值量指标

森林资源价值量核算采用货币计量形式，具有可比性，核算所需的基础数据指标包括林木平均高度，木材市场价格，木材出材率，其他林产品的市场价，其他林产品的年产量，古树名木价值认定系数，地方园林绿化苗木每厘米胸径价格，古树名木胸径，古树名木养护管理的客观投入，年均降雨量，年蒸散量，地表径流量，单位库容造价，人工净水价格，林地与无林地土壤侵蚀模数，林地土壤容重，土壤挖运费用，林分土壤平均含氮、含磷、含钾、有机质含量，氮肥价格，磷肥价格，钾肥价格，林分年净生长力，单位面积林分土壤年固碳量，固碳价格，氧气价格，单位林分面积吸收的热量，电价，负离子寿命，负离子生产费用，林分负离子浓度、二氧化硫、氮氧化物、氟化物、扬尘的治理费用，单位面积林分年二氧化硫、氮氧化物、氟化物、扬尘的吸收量[61]，单位面积年物种损失的成本，森林景观消费者支出的平均值，森林景观消费者剩余的平均值，森林资源年接待游客总人数，人均森林环境保护宣传费用支出。

4.2.2　全民所有森林资源资产清查林木平均价格计算方法

2022 年自然资源部发布的《全民所有自然资源资产清查技术指南》（试行稿）中列示的全民所有（国有）的森林资源资产清查的林地、林木平均价格计算方法和计算公式如下。

1. 林木基准价或指导价法

近 5 年已公布林木基准价或政府指导价的区域，直接采用基准价或政府指导价确定本均质区域林木平均价格。

适用范围：已公布（制定）的林木基准价或政府指导价的区域。

2. 林木交易价修正法

将林木交易时的价格，剔除异常值数据后，通过期日修正、林木修正从而测算林木价格的一种方法。

适用范围：林木流转价修正法适用于市场交易数据样本充足的区域，且具有可比性。

计算公式：

$$E_n = E_0 \times K_t \times K_d \qquad (4.1)$$

式中：

E_n——林木所有权价值；

E_0——交易时点林木流转价格；

K_t——期日修正系数，是指清查时点木材平均价格与案例时点木材平均价格比较；

K_d——林木修正系数，是指能够影响林木价值的主要特性因子。例如，用材林、竹林的林木平均胸径，经济林的平均产量等。

3. 市场价倒算法

对被评价的树木进行全砍后，得到的树木的市场销售收益，在减去树木制造和管理中消耗的费用（含税、费等）、应得的收益以及树木的租金之后，将其余额用来计算树木的价格。

适用范围：一般适用于用材林成熟林和过熟林林木价格测算。

计算公式：

$$E = W - C - F - D \tag{4.2}$$

式中：

E——林木评估值；

W——木材平均单价；

C——木材生产经营成本；

F——木材生产经营利润；

D——木材价格包含的林地地租。

估价步骤：

（1）采集技术参数和经济指标。

包括木材市场价格、木材生产成本（设计费、采伐、造材、集材和运输成本等）、地租。

（2）确定合理利润和税费。

利润指林产品销售行业的平均利润，各地根据实际情况自行确定利润率。

税费主要指林产品销售过程中应支付的相关税费，具体项目与取费标准按国家和当地有关规定确定[62]。

（3）确定木材价格包含的林地租金。

（4）选用市场价倒算法公式测算林木价格。

市场价倒算法实例如图 4-8 所示。

表 4-8　市场价倒算法实例

项目		数值	说明
林分因子	树种组成系数	10	杉木单纯林
	小班蓄积量（立方米）	604	数据来源于森林资源档案中的小班一览表
木材平均单价（元/立方米）		1050	参考国有林场、民营企业木材销售情况确定
出材率（%）		70	利用林业专家历年采集的伐倒木实际造材数据和伐区木材生产数据，结合委估森林资源的平均胸径，按整体取平均值
木材生产经营成本（元/立方米）	伐区设计费	14.29	按蓄积每立方米 10 元，除以出材率
	检尺费	20	样本平均数
	木材生产成本	200	样本平均数
	管理、销售以及不可预见费	63	按木材价格的 6%
	合计	297.29	各项相加
经营利润（元/立方米）		52.5	按木材价格的 5%
林地租金（元/立方米）		37.16	样本平均数
出材量评估值（元/立方米）		663.05	评估值 = 木材单价株数 - 经营成本 - 利润 - 地租 $E=W-C-F-D$
蓄积量评估值（元/立方米）		464.14	即立木价，等于出材量纯收益乘以出材率
小班林木资产评估值（元）		280341	蓄积量纯收益乘以小班蓄积量

4. 收获现值法

（1）用材林

预测林分主伐时所得到的纯收入终值（已扣除木材生产成本、税费、合理的经营利润及木材价格包含的林地地租），将其折算为现值，再扣除从现在到主伐之间的年管护费用（未扣除林地地租）现值合计，其剩余值作为林木资源资产价格。

适用范围：一般适用于幼龄林（年龄＞10年）、中龄林和近熟林林木价格测算。

计算公式：

$$E = \frac{Au}{(1+p)^{(u-n)}} - \frac{V}{p} \times \left[1 - \frac{1}{(1+p)^{u-n}} \right] \qquad (4.3)$$

式中：

E——林木评估值；

Au——林分主伐时的净收益；

u——用材林主伐年龄；

n——估算对象现实林分年龄；

V——年管护费；

p——收益还原率。

估价步骤：

①采集技术参数和经济指标。

包括木材市场价格、木材生产成本（设计费、采伐、造材、集材和运输成本等）、地租、年管护费。

②确定合理利润和税费。

利润指林产品销售行业的平均利润，各地根据实际情况自行确定利润率。

税费主要指林产品销售过程中应支付的相关税费，具体项目与取费标准按国家和当地有关规定确定[62]。

③确定木材价格包含的林地地租。

④测算林分主伐时的净收益。

林分主伐时的净收益＝木材销售总收入－木材生产经营成本－木材生产经营利润－林地地租－林业经营税费－其他不可预见费

⑤确定收益还原率。

⑥选用收获现值法公式测算林木价格。

收获现值法的实例如表 4-9 所示。

表 4-9　收获现值法实例

树种		杉木	说明
平均木材价格（元 / 立方米）		1050	参考国有林场、民营企业和个人木材销售情况确定
出材率（%）		70	利用林业专家历年采集的伐倒木实际造材数据和伐区木材生产数据，结合委估森林资源的平均胸径，按整体取平均值
木材经营生产成本（元 / 立方米）	伐区设计费	14.29	按蓄积每立方米 10 元，除以出材率
	检尺费	20	样本平均数
	木材生产成本	200	样本平均数
	管理、销售和不可预见费	63	木材价格的 6%
	合计	297.29	各项相加
经营利润（元 / 立方米）		52.5	木材价格的 5%
林地使用费（元 / 立方米）		37.1616	样本平均数
出材量纯收益（元 / 立方米）		663.05	价格减成本、利润和林地使用费
蓄积量纯收益（元 / 立方米）		464.14	出材量纯收益乘以出材率
现时林分因子	年龄	24	全民所有森林资源资产实物量清查基础数据表
	小班蓄积量（立方米）	23	数据来源于森林资源档案中的小班一览表
主伐林分因子	年龄	26	数据来源于森林资源档案中的小班一览表
	小班蓄积量（立方米）	25.15	林分蓄积量生长模型
主伐小班蓄积纯收益（元）		11673	蓄积量纯收益乘以主伐小班蓄积
小班面积（亩）		1.97	数据来源于森林资源档案中的小班一览表
每亩年管护费（元 / 亩）		12	样本平均数
小班年管护费（元）		23.63	小班面积乘以每亩年管护费
收益还原率（%）		6	必要报酬率
小班林木资产评估值（元）		10345	收获现值法公式

注：主伐小班蓄积纯收益 = 蓄积量纯收益 × 主伐小班蓄积 = 464.14×25.15=11673（元）

（2）竹林、经济林

竹林、经济林（茶叶、果树等经济作物）在正常的生产经营过程中，把整个当作估计的目标，因为每一年都会有收入，所以把在将来的运营期中，每个年份的预计净利润，按照特定的折现率，换算成现在的现值，再把它们累积起来，就是被估计的森林资源资产的经济价值。采用总体估算模式时，用年均纯收益（已扣除生产经营成本、税费、合理的经营利润及林地地租）作为林木价格测算的依据。

适用范围：初产期以上竹林和经济林林木价格测算。

计算公式：

$$E_u = \frac{A}{p} \times \left[1 - \frac{1}{(1+p)^u} \right] \qquad (4.4)$$

式中：

E_u——林木评估值；

A——年均纯收益；

p——收益还原率；

u——经济寿命期。

估价步骤：

①采集技术参数和经济指标。

竹林包括竹林寿命期、年龄、产量和产品价格等。

经济林包括经济寿命期、各生长期（产前期、初产期、盛产期、衰产期）对应的年龄、各生长期产品产量和产品价格等。

②确定合理利润和税费。

利润指林产品销售行业的平均利润，各地根据实际情况自行确定利润率。

税费主要指林产品销售过程中应支付的相关税费，具体项目与取费标准按国家和当地有关规定确定[62]。

③扣除年地租租金。

④测算年均纯收益。

竹林年均纯收益＝竹子年产量 × 竹子单价＋竹笋数量 × 竹笋单价－生产经营成本－经营利润－税费－林地租金－其他不可预见费

经济林年均纯收益＝经济林年产量 × 经济林单价－生产经营成本－经营利润－税费－林地租金－其他不可预见费

⑤确定收益还原率。

⑥选用收获现值法公式测算林木价格。

竹林林木资产评估如表 4-10 所示。

表 4-10　竹林林木资产评估

单位换算：1 亩≈666.67 平方米

项目			单位	数值	说明
总收益	竹材	年产量	根/亩	25	样本平均数
		价格	元/根	10	样本平均数
		收益	元/亩	250	年产量 × 价格
	竹笋	年产量	公斤/亩	130	样本平均数
		价格	元/公斤	5	样本平均数
		收益	元/亩	650	年产量 × 价格
	竹材竹笋收益合计		元/亩	900	竹材竹笋收益相加
经营成本	竹材	培育成本	元/亩	150	样本平均数
		采伐成本	元/亩	50	竹材收益的 20%
		小计	元/亩	200	培育和采伐成本相加
	竹笋	挖笋成本	元/亩	195	竹笋收益的 30%
	销售、管理及不可预见费		元/亩	54	总收益的 6%
	合计		元/亩	449	各项成本相加
经营利润			元/亩	59.25	竹材竹笋成本的 15%
年纯收益			元/亩	391.75	总收益减成本和利润
收益还原率			百分比	10	必要报酬率

（续表）

项目	单位	数值	说明
经营期限	年	50	暂按 50 年计算
有限期每亩评估值	元 / 亩	3884.13	年均收益现值法公式
小班面积	亩	3.198	数据来源于小班一览表
小班林木资产评估	元	12421	小班面积乘以亩评估值

（3）能源林

一般能源林每隔一定间隔期（3—5 年）采割一次，将每次采割的纯收益（已扣除生产经营成本、税费、合理的经营利润及林地地租），按一定的收益还原率折算成现值，并累计求和作为林木价格。

计算公式：

$$E_n = \left[\frac{A_v}{(1+p)^t - 1} - \frac{V}{p} \right] \times \left[1 - \frac{1}{(1+p)^n} \right] \quad (4.5)$$

式中：

E_n——能源林评估值；

A_v——能源林每次采割的纯收益；

t——间隔期；

p——收益还原率；

n——林地使用期限；

V——年管护费。

估价步骤：

①采集技术参数和经济指标。

能源林收割期对应的年龄、产品产量和产品价格、收割周期、营林生产成本等。

②确定合理利润和税费。

利润指林产品销售行业的平均利润，各地根据实际情况自行确定利润率。

税费主要指林产品销售过程中应支付的相关税费，具体项目与取费标准按国家和当地有关规定确定[62]。

③若地租支付方式为采伐时一次性支付，应确定采伐时应支付的租金。

④测算采割时的纯收益。

采割时的纯收益＝收割时销售总收入－生产经营成本－生产经营利润－林业经营税费－林地地租

⑤确定收益还原率。

⑥选用收获现值法公式测算林木价格。

薪炭林（灌木）资产评估如表4-11所示。

表4-11 薪炭林（灌木）资产评估

项目	灌木	说明
采伐产量（吨/亩）	3.2	样本平均数
价格（元/吨）	420	样本平均数
采伐总收入（元/亩）	1344	产量×价格
采集运输成本（元/亩）	857.6	样本平均数
销售、管理及不可预见费（元/亩）	94.08	总收入的7%
生产经营利润	171.52	采集运输成本的20%
采伐纯收益	220.8	总收入减成本、利润和其他费用
采伐周期（年）	5	样本平均数
经营期限	50	承包经营权证
收益还原率（百分比）	6	必要报酬率
年管护费（元/亩）	12	样本平均数
每亩评估值	428	收益现值法公式
小班面积（亩）	1.42	数据来源于小班一览表
小班评估值（元）	608	亩评估值乘以小班面积

（4）重置成本法

按现在的技术标准和工价、物价水平，重新营造一片与被估算资产同样的林分所需的成本和利息，作为林木价格。

适用范围：适用于用材林幼龄林（年龄 ≤ 10 年）、经济林产前期、竹林产前期林木价格测算[63]。景观林木适用本方法。

计算公式：

$$E_n = K \times \sum_{i=1}^{n} C_i \times (1+p)^{n-i+1} \qquad (4.6)$$

式中：

E_n——林木评估值；

K——综合调整系数；

C_i——第 i 年以现时工价和生产水平为标准的营林生产成本（不含林地地租）；

n——估算对象现实林分年龄；

p——收益还原率。

估价步骤：

①采集技术参数和经济指标。

采集的技术参数和经济指标包括营林生产成本、标准林分平均株数、林分平均树高。

②由于采用总体评估方法对幼龄林（产前期）价值进行估算，幼龄林（产前期）实物量主要因子为平均值，因此不进行调整，即 K 取 1。

③确定收益还原率。

④运用重置成本法公式计算林木价格。

重置成本法实例如表 4-12 所示。

表 4-12　重置成本法实例

年度	营林成本（元/亩）	计息年数 n	重置成本（元/亩）	说明
1	930	4	1174.10	重置成本 $=C_x(1+P)n$，式中 C 为营林成本（不含地租），n 为计息年数，P 为利率取 6%，林分年龄 $=4$ 年
2	460	3	547.87	
3	320	2	359.55	
4	12	1	12.72	
林木每亩评估值（元/亩）			2094.24	各年重置成本相加
小班面积（亩）			13.57	数据来源于小班一览表
小班林木资产评估值（元）			28419.00	林木亩评估值乘以小班面积

4.2.3　森林资源资产直接价值的计算

自然资源资产负债表中森林资源资产直接价值核算主要包括林地资源、林木资源、林副产品、古树名木等核算。

1. 林地资源资产直接价值的计算

对林地资源资产的核算，SEEA2012 主张使用市场价值法或净现值法。国家林业局和国家统计局在《绿色国民经济框架下的中国森林核算研究》中对林地资源价值量的核算推荐采用年金资本化法。林地资源资产直接价值的年金资本化核算方法如公式 4.7 所示[64]。

$$V_{林地} = \sum_{i=1}^{n} \frac{A_i}{P} \tag{4.7}$$

式中：

$V_{林地}$——林地资源资产的直接价值；

i——第 i 种林地资源资产；

A_i——第 i 种林地资源资产的年平均租金；

P——投资收益率。

其中，年平均租金以实际林地地租为参考。对于投资收益率 P 值，由于当前国内与国际在进行土地价值评估中，运用年金资本化核算方法时投资收益率通常取值范围在 2%—3% 之间[65]，考虑林地经营周期长，投资回收期较长，所以计算林地资源价值时使用的投资收益率可以采用平均值，即 2.5%。

2. 林木资源资产直接价值的计算

参考中华人民共和国林业行业标准《森林资源资产评估技术规范》（LY/T 2407-2015），采用不同方法分别对中幼林、近成熟林和成、过熟林等不同龄组的林木资源资产进行核算，其中，中幼林按照重置成本法计算[66]，如公式 4.8 所示；近成熟林和成、过熟林采用市场价值法进行核算，如公式 4.9 所示；同时，将行道树和公园内林木按照费用支出法和替代工程法单独计算树木价值，如公式 4.10 所示；最后汇总得到林木资源的总价值，如公式 4.11 所示。

$$E_{中幼林} = 中幼林面积 \times 单位面积重置成本 \tag{4.8}$$

$$E_{近成熟林或者} E_{成、过熟林} = 蓄积量 \times 出材率 \times 单位价格 \tag{4.9}$$

$$E_{行道树、公园树木} = 公园绿化面积 \times 单位面积成本 + 行道树 \times 平均单位成本 \tag{4.10}$$

$$V_{林木} = \sum_1^4 \left(E_{中幼林} + E_{近成熟林} + E_{成、过熟林} + E_{行道树、公园林木} \right) \tag{4.11}$$

（1）中幼林价值评估

在森林资源评估中，幼龄林价值评估采用重置成本法已经得到业界公认。重置成本法是按现有技术条件和价格水平计算的现时成本，来确定资产价值的方法。在森林资产的评估中，重置成本法是按现时的工价及生产水平重新营造一块与被评估森林资源资产相类似的资产所需的成本费用，作为被评估资源资产的价值[63]。单位面积平均重置成本数据如表 4-13 所示，具体计算见公式 4.8。

表 4-13　中幼林平均重置成本

树种名称	平均重置成本（元）

（2）近成熟林和成、过熟林价值评估

当单价数据可以采集时，近成熟林和成、过熟林采用市场价值法计算，具体计算见公式4.9。公式中出材率采用现有的研究成果。林分蓄积量采用森林资源二类清查变更数据，通过查阅小班一览表，进行归类汇总计算，从中获得各龄组、各优势树种蓄积量数据。同时，可以根据中国木材网、中木商网、中国花木网、第一花木网等交易网站的市场报价，取平均市场价格作为主要树种的原木交易单价。

（3）行道树、公园树木价值评估

对行道树、公园树木价值评估采用费用支出法和替代工程法计算，具体计算见公式4.10。

（4）林木资源资产直接价值的计算

林木资源资产价值是林木资源的货币计量，是由不同类型的林木资源价值共同组成，具体计算见公式4.11。

3. 林副产品直接价值的计算

林副产品是指林业生产除主产品之外的其他产品，林业生产的主产品一般为木材等，副产品一般为木材以外有经济价值的产品，主要包括油菜籽、油桐籽、乌桕籽、松脂、生漆、五倍子、棕片、林下药材等。

林副产品价值评估可以采用《福州市自然资源资产负债表编制指南（试行）》中的市场价值法。

计算公式如下：

$$V_{\text{林副产品}} = \sum_{i}^{n} M_i F_i \tag{4.12}$$

式中：

$V_{\text{林副产品}}$——林副产品的价值；

M_i——第 i 种林副产品种植面积；

F_i——按照市场价格计算的第 i 种林副产品平均单位面积产值。

4. 古树名木直接价值的计算

一般树龄在百年以上的大树即为古树，等级分为国家一、二、三级。而那些树种稀有、名贵或具有历史价值、纪念意义的树木则称为名木[67]。

古树名木的价值评价以林业部门所提供的古树名木详细数据信息为基础，例如福州市榕树数量最多，其他树种有樟树、雅榕、银杏、罗汉松、白兰、合欢、广玉兰、槟榔、荔枝、流苏、芒果、龙眼、盆架木、南洋杉、苹婆、朴树、破布木、秋枫、石栗、杨桃、枳椇、紫藤等。

可以依据《古树名木鉴定与评估标准》，采用加权记分法对古树名木进行价值评估，参评因子选用树种、胸径、生长环境、生长势、树龄、树木保护级别、树木生长地段七个因子，再加上已投入的管理费构成评估公式。

计算公式如下：

$$V_{\text{古树名木}} = AB(1 + a + b + c + d + e + f) + T \tag{4.13}$$

式中：

$V_{\text{古树名木}}$——古树名木直接价值。

A——每平方厘米的工程费用。项目成本包含目前的指导价格、施工费用（指导价格的 70%）以及一年的维护费用。计算树干截面的直径通常按苗木基准价格表中的胸径或地径来计算。

B——树干直径或直径的截面。在树干的基部，其胸径为各枝的胸径总和；若因破坏而不能确定其胸径，则按地面直径计算；根杆破损者，用回访资料的数值计算。

a——林木所在区域的调整系数。这一因子是根据每个区域最近发布的土地等级来确定的。各区市区的最低地段等级调整系数为1，而地段等级的提升幅度为1。

b——林木生长条件的调整系数。生长环境良好、一般和差的系数分别为1、0.5、0。

c——林木生长势调整系数。生长势良好、一般、较差和差的系数分别为1、0.6、0.3、0。

d——树龄调整系数（古树名木树龄/50）。

e——林木的保护级别调整系数。国家一级保护的古树名木调整系数为3，国家二级保护的古树名木调整系数为2。国家一级保护的濒危、珍贵树种系数再加2，国家二级保护的濒危、珍贵树种系数再加1。

f——林木景观调整系数。分为三大类：一是公园绿地、道路、街旁绿地、广场绿地、对外交通辅助绿地；二是为居住、公共设施、市政设施等附属绿地中的树木；三是生产绿地、防护绿地、仓储、工业等附属绿地和其他绿地。其系数分别为1.5、1.2、1。

T——已投入的管理费。

5. 森林资源资产直接价值的计算

森林资源直接价值包括林地资源、林木资源、林副产品以及古树名木价值，具体公式如下。

$$V_{经济}=V_{林地}+V_{林木}+V_{林副产品}+V_{古树名木} \tag{4.14}$$

式中：

$V_{经济}$——森林资源资产的直接经济价值。

4.2.4　森林资源资产间接价值的计算

森林资源资产间接价值主要是指森林生态系统服务功能价值。参考《森林生态系统服务功能评估规范》（LY/T 1721-2008），将森林生态系统服务功能分为以下服务项目：涵养水源、保育土壤、固碳释氧、积累营养物质、净化大气环境、生物多样性保护、森林防护以及森林游憩，具体生态服务项目的核算方法如下。

1. 涵养水源价值计算方法

涵养水源包括两项分指标，分别是调节水量和净化水质，其中调节水量功能价值根据水库工程的蓄水成本（替代工程法）来确定[68]，其计算公式如下。

$$U_{调}=10C_{库}A（P-E-C）\qquad（4.15）$$

式中：

$U_{调}$——森林年调节水量价值，单位：元/年；

$C_{库}$——水库库容造价，单位：元/立方米；

P——林外降水量，单位：毫米/年；

E——林分蒸散量，单位：毫米/年；

C——地表径流量，单位：毫米/年；

A——林分面积，单位：公顷。

森林生态系统年净化水质功能价值根据净化水质工程的成本（替代工程法）来计算[68]，其计算公式如下。

$$U_{水质}=10KA（P-E-C）\qquad（4.16）$$

式中：

$U_{水质}$——林分净化水质价值，单位：元/年；

K——水的净化费用，单位：元/吨；

P——林外降水量，单位：毫米/年；

E——林分蒸散量，单位：毫米/年；

C——地表快速径流量，单位：毫米/年；

A——林分面积，单位：公顷。

2. 保育土壤价值计算方法

保育土壤主要是计算固土功能的价值量[69]，其公式如下。

$$U_{固土}=AC_{土}（X_2-X_1）/P \qquad (4.17)$$

式中：

$U_{固土}$——林分年固土价值，单位：元/年；

X_1——有林地土壤侵蚀模数，单位：吨/公顷/年；

X_2——无林地土壤侵蚀模数，单位：吨/公顷/年；

$C_{土}$——挖取和运输单位体积土方所需费用，单位：元/立方米；

P——土壤容量，单位：克/立方厘米；

A——林分面积，单位：公顷。

3. 固碳释氧价值计算方法

由于该区域的生态系统中（森林与大气之间的物质交换）存在着 CO_2 和 O_2 之间的相互影响，所以选择了固碳、释氧两个指标来体现该区域生态系统的固碳释氧能力。按照光合作用的化学方程式，森林植物在累积 1 克干物质时，可吸收 1.63 克 CO_2，排放 1.19 克 O_2。在公式 4.18 和公式 4.19 中给出了森林植被和土壤年固碳量价值和年释氧量价值计算方法[70]。

$$U_{碳}=AC_{碳}（1.63R_{碳}B_{年}+F_{土壤碳}） \qquad (4.18)$$

$$U_{氧}=1.19C_{氧}AB_{年} \qquad (4.19)$$

式中：

$U_碳$——林分年固碳价值，单位：元/年；

$U_氧$——林分年释放氧气价值，单位：元/年；

$C_碳$——固碳价格，单位：元/吨；

$C_氧$——制造氧气的价格，单位：元/吨；

$R_碳$——CO_2中碳的含量，为27.27%；

$F_{土壤碳}$——单位面积森林土壤年固碳量，单位：吨/公顷/年；

$B_年$——林分净生产力，单位：吨/公顷/年；

A——林分面积，单位：公顷。

4. 积累营养物质价值计算方法

选用林木营养积累指标反映森林积累营养物质功能，计算公式如下[68]。

$$U_营养 = AB_年 \left(N_营养 C_1 / R_1 + P_营养 C_1 / R_2 + K_营养 C_2 / R_3 \right) \quad (4.20)$$

式中：

$U_营养$——林分氮、磷、钾年增加价值，单位：元/年；

$N_营养$——林木含氮量，单位：%；

$P_营养$——林木含磷量，单位：%；

$K_营养$——林木含钾量，单位：%；

R_1——磷酸二铵含氮量，单位：%；

R_2——磷酸二铵含磷量，单位：%；

R_3——氯化钾含钾量，单位：%；

C_1——磷酸二铵化肥价格，单位：元/吨；

C_2——氯化钾化肥价格，单位：元/吨；

$B_年$——林分净生产力，单位：吨/公顷/年；

A——林分面积，单位：公顷。

5. 净化大气环境价值计算方法

选取提供负离子、吸收污染物和滞尘等方面指标反映森林净化大气环境能力，由于降低噪声指标计算方法尚不成熟，所以文中不涉及降低噪声指标[70][71]。具体的计算公式如下。

$$U_{负离子}=5.256 \times 10^{15} \times AHK_{负离子}（Q_{负离子}-600）/ L \qquad （4.21）$$

$$U_{二氧化硫}=K_{二氧化硫}Q_{二氧化硫}{}^{A} \qquad （4.22）$$

$$U_{氟}=K_{氟}Q_{氟}{}^{A} \qquad （4.23）$$

$$U_{氮氧化物}=K_{氮氧化物}Q_{氮氧化物}{}^{A} \qquad （4.24）$$

$$U_{滞尘}=K_{滞尘}Q_{滞尘}{}^{A} \qquad （4.25）$$

式中[70][72][73]：

$U_{负离子}$——林分年提供负离子价值，单位：元 / 年；

$U_{二氧化硫}$——林分年吸收二氧化硫价值，单位：元 / 年；

$U_{氟}$——林分年吸收氟化物价值，单位：元 / 年；

$U_{氮氧化物}$——森林年吸收氮氧化物价值，单位：元 / 年；

$U_{滞尘}$——森林年滞尘价值，单位：元 / 年；

H——林分高度，单位：米；

$K_{负离子}$——负离子生产费用，单位：元 / 个；

$Q_{负离子}$——林分负离子浓度，单位：个 / 立方厘米；

L——负离子寿命，单位：分钟；

$K_{二氧化硫}$——二氧化硫的治理费用，单位：元 / 公斤；

$Q_{二氧化硫}$——单位面积森林二氧化硫吸收量，单位：千克 / 公顷 / 年；

$K_{氟}$——氟化物治理费用，单位：元 / 公斤；

$Q_{氟}$——单位面积林分对氟化物的年吸收量，单位：千克 / 公顷 / 年；

$K_{氮氧化物}$——氮氧化物治理费用，单位：元 / 公斤；

$Q_{氮氧化物}$——单位面积森林对氮氧化物年吸收量，单位：千克 / 公顷 / 年；

$K_{滞尘}$——降尘清理费用，单位：元 / 公斤；

$Q_{滞尘}$——单位面积森林年滞尘量，单位：千克 / 公顷 / 年；

A——林分面积，单位：公顷。

6. 生物多样性保护价值计算方法

选用物种保育指标反映森林的生物多样性保护功能，物种保育价值采用引入物种濒危系数的 Shannon-Wiener 指数法计算机会成本，具体计算公式如下[74]。

$$U_{总} = \left(1 + \sum_{i=1}^{n} E_i \times 0.1\right) S_{单} A \qquad (4.26)$$

式中[75]：

$U_{总}$——林分年物种保育价值，单位：元 / 年；

E_i——评估林分（或区域）内物种 i 的濒危分值；

n——物种数量；

$S_{单}$——单位面积年物种损失的机会成本，单位：元 / 公顷 / 年；

A——林分面积，单位：公顷。

根据 Shannon-Wiener 指数和濒危分值计算生物多样性价值，共划分为七级：

①当指数＜ 1 时，$S_{生}$为 3000 元 / 公顷 / 年；

②当 1 ≤指数＜ 2 时，$S_{生}$为 5000 元 / 公顷 / 年；

③当 2 ≤指数＜ 3 时，$S_{生}$为 10000 元 / 公顷 / 年；

④当 3 ≤指数＜ 4 时，$S_{生}$为 20000 元 / 公顷 / 年；

⑤当 4 ≤指数＜ 5 时，$S_{生}$为 30000 元 / 公顷 / 年；

⑥当 5 ≤指数＜ 6 时，$S_{生}$为 40000 元 / 公顷 / 年；

⑦当指数≥ 6 时，$S_{生}$为 50000 元 / 公顷 / 年。

濒危分值 E_i 的取值如下：根据《中国物种红色名录》，将现存野生物种分为极危、濒危、易危、近危和无危五个等级，濒危的分值分别取值为 4、3、2、1、0。

7. 森林防护价值计算方法

森林防护功能包括防风固沙和农田防护等，防护林具有增强抵御台风等自然灾害的能力，尤其农业生产，受自然灾害的影响较大。可以采用以下公式计算森林防护价值[73]：

$$U_{防护} = {}^A Q_{防护} C_{防护} \qquad (4.27)$$

式中：

$U_{防护}$——森林防护价值，单位：元 / 公斤；

$Q_{防护}$——由于农田防护林、防风固沙林等增加的单位面积农产品产量，单位：千克 / 公顷 / 年；

$C_{防护}$——农产品平均价格，单位：元 / 公斤；

A——林分面积，单位：公顷。

8. 森林游憩价值的计算方法

森林游憩是指森林生态系统为人类提供休闲和娱乐场所而产生的价值，包括直接价值和间接价值。直接价值一般用门票收入或者旅游收入替代[70]；间接价值主要在问卷调查的基础上，采用支付意愿法测算。

9. 森林生态系统服务价值评估汇总

森林生态系统服务功能总价值为上述八项之和，计算公式如下。

$$U = \sum_{i=1}^{8} U_i \qquad (4.28)$$

式中[74]：

U——森林生态系统年服务功能总价值，单位：元 / 年；

U_i——森林生态系统服务功能各分项年价值，单位：元 / 年。

4.3　森林资源资产负债表编制

4.3.1　森林资源资产核算

1. 森林资源经济价值

根据收集到的数据，结合上文介绍的方法，对森林资源的经济价值（直接价值）进行计算后，填入表4-14。

表 4-14　森林资源经济价值量

评价指标			计量单位	单价	期初价值量（万元）	期末价值量（万元）
林地资源价值合计			元/公顷			
林木资源价值	中幼林价值树种2树种3……合计	树种1	元/公顷			
		树种2	元/公顷			
		树种3	元/公顷			
		合计				
		—				
	近、成、过熟林价值树种2树种3……合计	树种1	元/立方米			
		树种2	元/立方米			
		树种3	元/立方米			
		合计				
		—				
	公园绿地林木及行道树价值行道树合计	公园绿地及树木	元/立方米			
		行道树	元/株			
		合计				
		—				
林木资源价值合计			—			

（续表）

评价指标			计量 单位	单价	期初价值量 （万元）	期末价值量 （万元）
林副产品价值合计			万元/ 公顷			
古树名木 价值		古树价值	—			
		名木价值	—			
		合计	—			
经济价值总计			—			

2.森林资源生态系统服务价值

基于采集到的数据，应用前述方法计算出森林生态系统服务价值（间接价值），填入表 4-15。

表 4-15 森林生态系统服务价值量

（单位：万年/年）

序号	评价指标		单位面积价值量	期初价值量	期末价值量
1	涵养水源 价值	调节水量			
		净化水质			
2	保育土壤 价值	固土功能			
3	固碳释氧 价值	固碳			
		释氧			
4	积累营养物 质价值	积累营养 物质价值			
5	净化大气环 境价值	吸收污染物			
		生产负离子			
6	生物多样性保护价值				
7	森林防护价值				
8	森林游憩价值				
森林生态系统服务总价值					

3. 森林资源资产总价值

森林资源资产具有经济价值（直接价值）和生态价值（间接价值）。森林资源的经济价值是指其作为实物应用于人类经济活动，向人类提供木材等物质产品，保障了所有者的使用权益[76]，包括林地资源和林木资源价值的测算。生态价值包括森林资源涵养水源、保育土壤、固碳释氧、净化大气环境、生物多样性保护、森林防护以及森林游憩价值等的测算[74]。

根据上述计算的森林资源经济价值和生态价值，可计算得出森林资源资产总价值，详见表 4-16 所示。

表 4-16　森林资源资产总价值量

（单位：万元）

指标名称	期初价值量	期末价值量
经济价值（直接价值）		
生态价值（间接价值）		
合计		

4.3.2　森林资源负债核算

森林资源负债是指为了对生态系统进行治理或者对森林资源的状态进行恢复，实现可持续发展所需要付出的代价。在本书中，森林资源负债设环境负债、资源负债一级科目，然后在一级科目下，依照森林资源损耗的具体支出来设置二级科目。

森林资源负债中需核算的项目是森林资源恢复所需要的成本，这部分对于现在而言是未来的支出，而未来的支出对人类现在而言则是负债。具体负债的科目明细如表 4-17 所示。

表 4-17　森林资源负债表

时间：　　　　　　　　　　　　　　　　　　　　　　　　　　　（单位：元）

负债项目	期初余额	期末余额
一、环境负债		
（一）林地植被恢复		
（二）森林防护		
1.火灾综合治理		
2.森林病虫害治理		
3.生物多样性保护		
4.其他防护		
（三）公园与绿地		
二、资源负债		
（一）超限额采伐及滥伐盗砍恢复		
（二）生态效益补偿支出		
（三）天然林保护工程支出		
（四）古树名木修复		
（五）其他		
森林资源负债合计		

4.3.3　森林资源净资产核算

在净资产账户中，不同所有制下的森林资源余额在扣除相应的森林资源所承担的债务后，根据所有制的区别，可以划分出几个不同的类别，分别为森林资源的全民所有净资产（全民所有者权益）、森林资源的集体所有净资产（集体所有者权益）等。另外，关于森林资源，还有相应的补充性规定，即森林资源资产的余额在扣除相应的森林资源负债后，也可以细分为有限净资产和非有限净资产，以便分类核算和披露。

在进行核算森林资源净资产的过程中，需要特别注意绝对总量的核算，并且还应适当考虑结构变化，以反映森林资源净资本的相对特征，确保满足核算结果的准确性。

4.3.4　森林资源资产负债表编制

1. 森林资源资产负债表的研究现状

（1）国内研究现状

我国自然资源资产负债表研究起步较晚，相关研究仍在探索中。森林资源会计研究主要集中在如何计算其生态服务价值，而森林资源资产负债表研究主要集中于框架结构、测量特征和准备区域。

①专家学者的研究成果

张治军对森林资源生态价值进行了评估，他介绍了多种评估方法，如市场价值法、机会成本法、替代工程法等[77]；王光华、夏自谦、李晖在评估森林生态经济效益领域运用了他们所提出的生态经济级差地租概念，指出了森林的面积以及单位面积森林蓄积量是影响一个地区森林价值大小的重要因素，不同的自然条件、社会经济情况是计算不同地区森林生态经济价值的重要依据[78]；耿建新在深刻研究 SEEA2012 模式的基础上，总结了关于澳大利亚在水、土地以及森林方面的核算经验，指出森林等自然资源应当被纳入国民经济核算体系，并明确表示"资产来源＝资产运用"这一等式是编制森林等自然资源资产负债表的基本框架体系所需要遵循的原则[79]；胡文龙认为，政府相关部门是我国自然资源的保护与使用责任的主体，因此各级政府部门应当领导对相关资源资产负债表的编制[80]；肖序、王玉、周志方在对森林资源进行核算、统计时运用了 DPSIR 价值链理论，以便于应对森林资源资产负债表编制主体模糊不清、资源数据统计难度大等问题，并且强调应当着重关注实物量与价值量两个方面[17]。

②试点单位的研究成果

2015 年国务院办公厅印发《编制自然资源资产负债表试点方案》，方案提出：在自然资源领域，要加强统计调查与监测，突出改革实践，进行调研，选取呼伦贝尔市、娄底市、湖州市、赤水市、延安市、承德市、北京市怀柔区等地，以其自然资源的特性为指标，对自然资源资产负债表进行全面研究。该试点项目的重点是对各试点区域的存量和流量数据进行核算，并设立自然资源统计账户。

北京市怀柔区试点模式。北京市怀柔区在全国范围内率先开展了试点工作。按照《生态文明体制改革总体方案》及《编制自然资源资产负债表试点方案》，地方统计局制定了怀柔区自然资源统计报表系统，并与怀柔区及有关部门的需求相适应。在森林资源方面，系统地编制了"森林状况表"和"森林面积存量与转盘"。怀柔区统计局依据当地实际情况，编制森林调查表，列出当地森林人口、森林资源、森林投资、森林火灾等状况，是森林统计资料全面、客观、准确的反映。但是，现在统计部门所使用的数据表都是以统计的方式得到的，并没有对负债和净资产进行定义。森林的变化由两个因素造成，分别是自然因素和人为因素，其变化由森林面积存量以及变动表来进行区分，但是却没有明确地指出变动原因，是非常笼统的，这无助于确定责任分配，所反映的信息需要改进，在今后的实践中应考虑这些要点。

贵州省试点模式。贵州省林业厅特别重视森林资源资产负债表的研究，成立了全省森林资源制表专题小组[81]。在对林业资源和现有技术水平进行大量研究的基础上，贵州省设立了一个由一级指标和二级指标组成的实物量报告系统，并编制了各地区实物量表。通过这些经验可知，在随后的制表过程中，应该遵循"先易后难"和"先实物后价值"的原则。陈永杰在贵州省森林资源资产负债表的设计中，将森林资源分为林区和森林，负债分为法定补偿、补种、退耕还林和恢复自然灾害破坏的森林资源[82]。

内蒙古自治区赤峰市试点模式。内蒙古自治区对赤峰市翁牛特旗森林资源资产负债表进行了实验性调查。2015年，自治区林业部对翁牛特旗的桥头林业、义和宫林业和高家梁林业三个国有森林开展了试点工作，对其森林资源进行了二类研究，评估了生态服务价值，并编制了会计账目，用于编制最终报表。同时，赤峰市举行了关于编制自然资源资产负债表的理论讨论和林业部门碳汇培训会议，会议研讨了森林生态功能评估规范、森林生态效益监测方法和森林碳汇测量和评估方法。在多年的野外调查中，专家根据林地的实际情况，结合林地的生态服务价值，运用一般的资产评估方法，估算出三块林地的价值分别为 4.97 亿元、4.27 亿元、5.41 亿元[83]。内蒙古自治区试点工程的建设程序规范，取得了较好的成效，可以为试点工程的研究提供一定的参考。

浙江省湖州市试点模式。浙江省湖州市以土地、树木、水为基础，编制了 2015 年的自然资源资产负债表。在此基础上，将资源储量看作是一种资产，把资源消耗、质量损失、维护和治理看作是一种债务。这一年，新造竹林 16.2 公顷，期末竹林存量 1330100.33 公顷，期初竹林存量 1330067.77 公顷[84]，有了一定程度的增长。

深圳市试点模式。深圳市设计的自然资源资产负债表及其核算体系由数量表、质量表、流量表、价值表、负债与权益表组成。实物量表（数量表和质量表）反映自然资源的优势和劣势，流量表反映实物量变化的原因和流向，价值表、负债与权益表反映自然资源资产价值层面的变化。深圳已在全市范围内将负债的核算考虑进了森林、城市绿地和农业用地的研究，并选取了试点区域进行应用（大鹏新区、宝安区）。

通过前期的试点工作，我国对森林资源资产负债表的研究逐步取得了成果，初步形成了一套核算实物量和编制森林资源账户的基本方法，包括森林资源初始和最终存量表、森林资源年度修正表，以及森林资源质量和修改表[81]，但仍面临一些挑战。例如，编制计划不完善，国家试点计划中没有考虑到负债这一要素；数据校准和测量方法不一致。总之，对森林资源资产负债表的研究仍处于探索阶段，目前还没有标准化和统一的形式。

（2）国外研究现状

相较于国内，国外资产负债表的相关研究较早，国外于 1953 年提出了国民账户体系（SNA），随后于 1980 年对资源和环境会计进行了研究。在此期间，各国和国际组织对自然资源理论、环境会计理论和方法进行了研究和实施。1991 年，提出了综合环境经济核算体系（SEEA），并初步开发和应用了SEEA 框架。欧盟统计局于 2002 年制定了《欧洲森林环境和经济核算框架》，并引入了森林资源的系统核算，同时将其纳入国家经济核算体系。此外，还为森林环境综合核算提供了框架，为进一步研究铺平了道路，使用了综合环境成本核算系统，并以意大利萨里滕村为例，研究了当地森林资源的资产和负债构成[85]，并提出：应根据当地情况，将森林资源的生态服务功能纳入森林资源资产负债表的调查和编制中。

2. 森林资源资产负债表编制

森林资源资产负债表中，森林资源资产指的是某一地区森林资源实体的存在状况，而森林资源负债则是指本地区各相关部门仍未尽到的管理职责和未完成的工作[86]。森林资源资产扣除森林资源负债后的净额，也就是净资产或者所有者权益，它的经济含义是指，在扣除了森林资源管理职责之后，本地区所拥有的总的森林资源财富总额（扣除了所需的资金）。它的治理意义在于它对本地区森林资源的有效管理。因此，森林资源的资产净值能够很好地反映出其经营业绩。

汇集了森林资源实物量和价值量的总和，可以得到最终的森林资源资产负债表。在这份报表中，可以很清晰地看到森林资源实物量和价值量的期初和期末存量，也可以得到森林资源的负债情况，是一份全面的报表。在编写该表时，将实物量表和价值量表中的信息综合起来，最后得出森林资源资产负债表总表，如表 4-18 所示。

表 4-18　森林资源资产负债表

时间：　　　　　　　　　　　　　　　　　　　　　　　（单位：元）

森林资源资产	期初余额		期末余额		森林资源负债与所有者权益	期初余额	期末余额
	实物量	价值量	实物量	价值量			
一、林地资源					一、环境负债		
（一）有林地					（一）林地植被恢复		
1. 乔木林地					（二）森林防护		
2. 竹林地					1. 火灾综合治理		
3. 经济林地					2. 森林病虫害治理		
（二）疏林地					3. 生物多样性保护		
（三）灌木林地					4. 其他防护		
（四）其他林地					（三）公园与绿地		
二、林木资源					二、资源负债		
三、林副产品					（一）超限额采伐及滥伐盗砍恢复		
四、古树名木					（二）生态效益补偿支出		
五、森林生态价值					（三）天然林保护工程支出		
（一）涵养水源					（四）古树名木修复		
（二）保育土壤					（五）其他		
（三）固碳释氧					三、森林资源负债合计		
（四）积累营养物质					四、森林资源所有者权益		
（五）净化大气环境					—		
（六）生物多样性保护					—		
（七）森林防护					—		
（八）森林游憩					—		
森林资源资产合计					森林资源负债与所有者权益合计		

第5章　水资源资产负债表

在编写自然资源资产负债表时，可以先行对一些具有重要生态功能的资源进行编制，也就是首先编写单个资源资产负债表；其次进行全面的自然资源资产负债表的编写[87]，即单一资源报表作为"自然资源"总账户下的子账户，为"总账"的建立奠定坚实的理论和实践基础。水资源就是其中的一种，它的编制也就成了自然资源报表中重要的一环。水资源是人类社会的根本，也是维护地区自然环境和生态系统的重要因素。目前，由于水资源紧缺，生态环境差，交易市场不够成熟，管理体制不够完善，管理方式亟待创新。当前，随着对自然资源资产负债表的研究由理论研究到实践运用，学者们开始试图将资产负债表模型应用到水资源的计算中，从而为水资源的科学管理提供了新思路[87]。

水资源资产负债表要以自然资源资产负债表为前提，以水资源为主要目标，设计形成对水资源耗减、水环境治理危害和水生态退化定量描述的一系列表格。

我国对水资源资产负债表的探索从概念到表式构造进行了详细的讨论。甘泓等探讨了编制水资源资产负债表当前需解决的基础性和关键难题[88]。朱友干在参考政府会计准则与环境财务信息的前提下，遵照"资产＝债权人权益（负债）＋所有者权益"恒等式，对水资源资产负债表的编制展开了讨论[89]。水资源资产负债表中资产项分成总量资产、增量资产和公益型微生物资产三项，负债分成流动性负债及长期负债，权益类分成水资源利益、资本公积金和环境整治盈利三部分。陈燕丽等人根据对负债表格中资产、负债和净资产三要素的讨论，确认了水资源资产负债表编制必须体现流量与总量的总体思路，并且还应包含主表和子表、附表部分[90]。柴雪蕊等人在研究公司资产负债表、国家资产负债表的前提下，依据"期末存量＝期初存量＋当期变化"的平衡等式，以"三条红线"作为"负债"的控制标准，编写的水资源资产负债表包括水量和水质两方面[91]。王伟斌、王毅对澳大利亚的水资源财务会计和水资源审计制度展开了辩证分析，进而打造了水资源资产负债表样板构造，资产负债表依据"资产＝负债＋所有者权益"的恒等式[92]，根据记录的水资源年初和年底的使用量与价值，进而统计分析期内水量和水质改变。周普等人从社会经济学、会计、应用统计学等几个方面充分论述了水资源资产负债表所涉及的水资源财产、水资源负债的概念，引进自然环境作为虚拟主体，界定了水资源负债临界点，制定一体化水资源流量表、权益变动表、资产负债表构造[93]。贾玲等人在研究资产负债表基本要素和基本原理的前提下，明确提出了要编制以水利益为主体的水资源资产负债表，以及以统计分析为主体的国家水资源资产负债表[94]。总而言之，水资源资产负债表的研究还处在探索资产负债表基本要素、会计法规、相关关系和记账方法时期。

水资源资产负债表涉及的水资源信息较广，不仅涉及实物量，还要核算价值量，所以水资源资产负债表不是一张报表，而是由多方面反映水资源状况的多张报表组成的一套完整体系。这个框架体系包括水资源存量表、水资源质量等级表、水资源增减变动表、水资源价格表、水资源负债表、水资源资产负债表等。这些相关的报表使水资源资产负债表实现了从分类到综合、从实物到价值、从流量到存量的转换，同时在水资源资产、水资源负债项目下再具体划分明细项目[87]。

5.1 水资源实物量核算

开展水资源核算，可以直接在物理单位计量检定的基础上，对水资源开展实物核算。水资源实物核算选用水资源账户方式，可创建水资源总量和流量账户，体现地区水资源总产量以及变化趋势。水资源分为两种方式开展核算：地面水资源和地下水资源。从静态的角度观察，地面水资源可以分为人力水利枢纽、湖水、江河等相关类型，包含水利枢纽、湖水等静态数据水资源和跨界江河等动态性水资源。

水资源账户体现空间环境系统中资源总量和流量，可以分为地下水和地表水，并且各自创建水资源账户。在地区水资源总量核算表格中，融合地下水资源和地表水资源，去除二者的重合部分，各自测算区域水资源。地表水是陆地表面动态水和静态水的总称，主要包括水库水、湖泊水和河流水[95]。其中，水库水是指用来储存、调节以及控制水资源的人造水库；湖泊水是指地球表面低洼地区蓄积形成的大型静态水体；河流水是指在水道中持续或周期性流动的水体；地下水是蓄积在含水层中的水；含水层是饱含地下水的透水地层，含水层既可以是非承压的，即有一个潜水面和一个不饱和带，也可以是承压的，即位于两个不透水或弱透水岩层之间。

水资源的种类有地表水、地下水和地表水以及地下水彼此转化的反复水量，以这三个水量为最后水资源量总和。因此，水资源实物量核算表的横向主要涉及地表水（江河、湖水、人工水利枢纽、雪、冰和冰河）、地下水和地表水，以及地下水彼此转化的反复水量。水资源实物量核算表的纵列根据水资源资产的分类开展列示，所以不但需要列示水资源期初存量、本期增量、本期减少量及其水资源期末存量外，还要依照水资源存量产生的影响因素列示具体水资源增量与减少存量。水资源的循环系统包含自然循环和社会循环系统，因此水资源的变动因素主要包含自然因素和社会因素。降雨、注入及其补充等归属于水资源存量提升的自然因素，蒸发、流出等归属于水资源存量下降的自然因素；水利工程调入水等归属于水资源存量提升的社会因素，工程项目调出水、采水应用等归属于水资源存量下降的社会因素。采水应用依照生产制造类型划分成第一产业用水、第二产业用水和第三产业用水。为方便计算，依照使用人进一步划分成农牧业用水、工业用水、日常生活用水等，随着生态环境保护力度不断加大，绿色生态用水意识明显增强。

5.1.1　水资源存量及变动表的来源及变化

水资源存量及变动表是水自然资源资产负债表编制的关键内容。在一个区域内，由于降雨原因而产生的可再生的地表水资源和地下水资源属于水资源资产报告的计算范畴。该表不用再对经济社会用水回归量进行分类填报，而只需要突出经济社会用水回归总量。另外，该表中增加了关于其他水源水量的具体数据来源，这使得工作人员在填表时变得更加明确。该表中关于地表水资源量的数据也做了相关变化，现在只报地表水资源量总数，替换了原来的分水库、湖泊、河流统计。该表中还用非用水消耗量取代了河湖生态耗水量，这是由于河湖生态耗水量是一个既具有争议又比较难以理解的指标，并且还具有一定的任意性。

5.1.2　水资源存量及变动表填报的依据和程序

1. 水资源存量及变动表填报的依据

水资源存量及变动表是按照国家统计局的《自然资源资产负债表试编制度（编制指南）》（以下简称《编制指南》），并参考 2009 年实施的《水资源公报编制规程》的有关技术方法编制，对其中的各项指标进行详细说明，并对相关资料进行分析，得出了相关资料数据。

2. 水资源存量及变动表填报的程序

在统计局的管理下，将自然资源资产负债表下发给每个单位，每个单位的有关专家和技术人员填写相应的领域清查变化表。水利主管单位将已填好的报表移交给平级的统计单位，并汇总本单位的流量和变动情况后，上报上级统计单位。上一层的统计部门会将该表上报到与其相应的行业部门进行审核，并给出具体的修正意见，然后移交至平级的统计部门，最后交给下级的统计部门进行更改，通常需要经过多次的修正，才能最后确定下来。

5.1.3 水资源存量与变动情况核算口径

为了全面描述一个被核算的区域内水资源存量及其变动情况，准确核实其水资源资产状况[96]，《自然资源资产负债表编制制度（试行）》对相关的核算构想中各项水资源存量指标的具体统计口径提供了初步指导，如表 5-1 所示。

表 5-1　水资源存量与变动核算口径

指标	指标释义
年初存量	运用在核算区内的关于上一年度的年末时点存量
降水形成的水资源量	运用水资源评价规定方法，并且在相关核算年度的实测水文监测资料的基础上进行核算
其他水源水量	由再生水、淡化的海水、可利用的雨水、地表下的苦咸水、地下的微咸水，以及来自深层次的承压水等非常规水源构成
经济社会用水回归量	由关于灌溉的用水回归量、非灌溉的用水回归量进行统计分析后得出。核算期内经济社会对水的利用过程中和利用后，借助地表或地下回流到河流以及湖泊等地表的水体或地下的含水层的水量
非用水消耗量	核算区内受非人为因素影响的自然用水量，包括地表径流的评估，其以湖泊水库蒸发损失、河流汇流损失、地下水潜水蒸发和水文站以下排水损失为基础
生活用水	由城乡居民的生活用水以及建筑业、相关第三产业的用水组成
工业用水	由火（核）电的工业用水以及非火（核）电的工业用水组成
农业用水	由农田灌溉、林牧渔业以及牲畜用水组成

（续表）

指标	指标释义
人工生态环境补水	人类为维持生态环境而采取措施所提供的水量，不包括降水和径流水。人工生态环境补水主要包括城市环境补水（河湖补水、绿化保洁用水）和农村生态补水（湖泊、洼地、沼泽等补水）。人工生态环境补给水按实际来源计算，"再生水"计入地表水中
流入与调入量	在核算期内，以水资源为基础，通过上游河流流入核算区或由水工程调入核算区的水量。在水源调查和评价中，采用来水量评价的方法进行核算。按其来源可分为区外流入、区外调入和区内其他水体流入
流出与调出量	核算期内流出区域的水量可根据《水资源调查评价》中的流出水量进行评价。按其流向可分为三种：通过河流流下游区、通过水工程流出区和流向区内其他水体
从区域内其他水体流入量	在核算区域内地表水体同地下水体之间进行交换后的水量，等于从区域内其他水体流入的水量
流向区域内其他水体水量	在核算区域内地表水体与地下水体之间的换算水量，等于流向区域内其他水体的水量
年末存量	年末储存在水库、湖泊、河流和地下含水层中的水资源存量

综上所述，《自然资源资产负债表编制制度（试行）》的指标设置较为全面，水平衡关系清晰。有了核算区前期基础资料的扎实收集，核算结果就能真实准确地描述水资源存量及其变化。

5.1.4　水资源存量主要平衡关系

根据实际情况，水资源存量及变动表内涉及的相关数据核算主要采用的公式，如表 5-2 所示[96]。

表 5-2　水资源存量与变动核算公式

指标名称	指标核算公式
年末存量	年初存量 + 存量增加 - 存量减少
存量增加	降水形成的水资源 + 流入 + 经济社会用水回归量
流入	从区域外流入 + 从区域外调入 + 从区域内其他水体流入
存量减少	取水 + 流出 + 非用水消耗量
流出	流向区域外 + 调出区域外 + 流向区域内其他水体

5.1.5 水资源存量表

根据《编制指南》和《水资源公报编制规程》的编制架构，结合水资源保护现状，遵循数据真实性原则、水量均衡原则和合理化原则。水源存量及变动表根据存量及变化量来反映。一是存量，科学研究期初存量和期末存量；二是变化量，即存量的调整。降水量、净流入和回水量代表存量的提高；湖河水的出流、采水和生态用水，代表了存量的减少。

水资源存量反映某一特定区域、特定日期水资源的状况，水资源资产存量表可以摸清某一时点上主体水资源资产的"家底"，并以体积作为计量属性。水资源资产包括地下水和地表水。其中，地表水是陆地表面上动态水和静态水的总称，可以将其分为水库水、湖泊水、河流水等；水库水是指在某一时点的水库蓄水量，其统计范围包括所有的大中型水库和小型水库等；河流水是指某一时点河槽内存蓄的水量；地下水是地面以下岩石空隙中的水。水资源存量表样式，如表5-3所示。

表5-3　水资源存量表

时间：　　　　　　　　　　　　　　　　　　　　　　　　　（单位：万立方米）

指标名称	期初存量	期末存量
地表水		
地下水		
合计		

5.1.6 水资源增减变动表

水资源增减变动表按照"年末存量＝年初存量＋存量增加－存量减少"公式构建。按照来源不同，存量增加划分为降水形成的水资源量、流入与调入、社会经济用水回归量；存量减少划分为用水量、流出与调出、非用水消耗量和其他水量。在取水项目中按照用途划分为工业、农业、生活、人工生态环境补水等[87]。表格样式，如表 5-4 所示。

表 5-4 水资源增减变动表

时间： (单位：万立方米)

指标名称	地表水	地下水	合计
一、年初存量			
二、存量增加			
（一）降水形成的水资源量			
（二）流入与调入			
（三）社会经济用水回归量			
三、存量减少			
（一）用水量			
1. 生活用水量			
2. 工业用水量			
3. 农业用水量			
4. 人工生态环境补水			
5. 城镇公共用水			
（二）流出与调出			
（三）非用水消耗量			
（四）其他			
四、年末存量			

审核关系：
（1）年末存量 = 年初存量 + 存量增加 - 存量减少；
（2）存量增加 = 降水形成的水资源 + 流入与调入 + 社会经济用水回归量；
（3）存量减少 = 用水量 + 流出与调出 + 非用水消耗量 + 其他。

5.1.7 水资源质量等级

水资源实物价值与水资源质量紧密相关，质量维度是水资源的质量分类，地表水和地下水的质量可以分为五个维度，分别是 I 类、II 类、III 类、IV 类、V 类[87]。I 类水满足了源头水的质量，具有最佳的质量，II 类水和 III 类水满足了集中式生活饮用水的第一和第二保护区的质量，IV 类水满足了工业用水和娱乐用水的质量，Ⅴ类水满足了农业用水和景观用水的质量。对水质进行综合评估，并以2017年《地下水质量标准》（GBT 14848-2017）中规定的水质指标为基础进行分析。Ⅰ类地下水到Ⅴ类地下水的化学组分含量分别为低、较低、中等、较高、高，其中Ⅳ类地下水只能够达到农业和部分工业用水的需要，还需要进行相应的加工，Ⅴ类地下水不适合饮用，若做其他用途，有必要在此基础上进行相应的调整后酌情考虑相应用处。

依据地表水水域环境功能和保护目标，地表水质量按功能高低依次划分为五类[97]，如表5-5所示。

表5-5 地表水质量分类表

类别	注释
Ⅰ类	国家自然保护区的水源以及源头水源
Ⅱ类	主要适用于集中式生活饮用水地表水源地一级保护区、珍稀水生生物栖息地、鱼虾类产卵场、仔稚幼鱼的索饵场等。Ⅱ类水水质受污染程度低，经常规净化处理（如絮凝、沉淀、过滤、消毒等），其水质即可供生活饮用
Ⅲ类	主要适用于集中式生活饮用水地表水源地二级保护区、鱼虾类越冬场、洄游通道、水产养殖区等渔业水域及游泳区
Ⅳ类	主要适用于一般工业用水区及人体非直接接触的娱乐用水区
Ⅴ类	主要适用于农业用水区及一般景观要求水域

注：基本项目的浓度值不能满足Ⅴ类标准称为劣Ⅴ类。

与以上五种水体功能相结合，将地表水环境质量标准中的基本项标准值划分为五个等级，并按照各个等级的标准来执行。对较高水质等级的水质指标要求严格，对较低水质等级的水质指标要求相对较低。同一片水体同时具有多个用途等级时，其用途等级以最高用途等级为准。

根据《地下水质量标准》文件以及学者的研究，地下水质量分为五类[98]，如表5-6所示。

表 5-6　地下水质量分类表

类别	注释
Ⅰ类	地下水化学组分含量低，适用于各种用途
Ⅱ类	地下水化学组分含量较低，适用于各种用途
Ⅲ类	地下水化学组分含量中等，以 GB 5749-2006 为依据，主要适用于集中式生活饮用水水源及工业、农业用水
Ⅳ类	地下水化学组分含量较高，以农业和工业用水质量要求以及一定水平的人体健康风险为依据，除适用于农业和部分工业用水，适当处理后可作生活饮用水
Ⅴ类	地下水化学组分含量高，不宜作为生活饮用水水源，其他用水可根据使用目的选用

表 5-7 所示为各个质量等级的地表水环境质量标准基本项目标准限值，摘自《地下水质量标准》（GB/T 14848-93）文件，并参考学者的研究[99]。

表 5-7　地表水环境质量标准基本项目标准限值

（单位：毫克/升）

序号	标准值	分类				
		Ⅰ类	Ⅱ类	Ⅲ类	Ⅳ类	Ⅴ类
1	水温（℃）	人为造成的环境水温变化应限制在：周平均最大温升≤ 1；周平均最大温降≤ 2				
2	pH 值（无量纲）	6~9				
3	溶解氧≥	饱和率90%（或7.5）	6	5	3	2
4	高锰酸盐指数≤	2	4	6	10	15
5	化学需氧量（COD）≤	15	15	20	30	40
6	五日生化需氧量（BOD2）≤	3	3	4	6	10
7	氨氮（NH3-N）≤	0.15	0.50	1.00	1.50	2.00
8	总磷（以 P 计）≤	0.02（湖、库 0.010）	0.10（湖、库 0.025）	0.20（湖、库 0.050）	0.30（湖、库 0.100）	0.40（湖、库 0.200）
9	总氮（湖、库，以 N 计）≤	0.2	0.5	1.0	1.5	2.0

根据环境保护部、国家发展和改革委员会、水利部《地表水环境质量评价方法（试行）》（环办〔2011〕22号），可采用综合营养状态指数 TLI（Σ）（其取值范围为 0~100）对湖泊（水库）营养状态进行分级，如表 5-8 所示。

表 5-8　湖泊（水库）营养状态分级表

营养状态	取值范围
一、贫营养	TLI（Σ）< 30
二、中营养	30 ≤ TLI（Σ）≤ 50
三、富营养	TLI（Σ）> 50
（一）轻度	50 < TLI（Σ）≤ 60
（二）中度	60 < TLI（Σ）≤ 70
（三）重度	TLI（Σ）> 70

因此，为准确记录水资源的水质情况，设置水质情况表，如表 5-9 所示。同时，为了反映各地区水质达标情况，要填写表 5-10。

表 5-9　水资源质量等级表

时间：　　　　　　　　　　　　　　　　　　　　　（单位：万立方米）

指标名称	质量级别	期初存量	期末存量
河流	Ⅰ类水		
	Ⅱ类水		
	Ⅲ类水		
	Ⅳ类水		
	Ⅴ类水		
大型水库	Ⅰ类水		
	Ⅱ类水		
	Ⅲ类水		
	Ⅳ类水		
	Ⅴ类水		

（续表）

指标名称	质量级别	期初存量	期末存量
集中式生活饮用水水源地	Ⅰ类水		
	Ⅱ类水		
	Ⅲ类水		
	Ⅳ类水		
	Ⅴ类水		

表 5-10　水质达标率

时间：　　　　　　　　　　　　　　　　　　　　　　　　　（单位：百分比）

指标名称	质量级别	达标率	备注
河流	Ⅰ类水		
	Ⅱ类水		
	Ⅲ类水		
	Ⅳ类水		
	Ⅴ类水		
集中式生活饮用水水源地	Ⅰ类水		
	Ⅱ类水		
	Ⅲ类水		
	Ⅳ类水		
	Ⅴ类水		

5.1.8　水资源实物量数据采集

1. 数据采集内容

水资源核算范围归并为两类：地表水和地下水，将地表水资源和地下水资源进行分类数据采集。

（1）水资源存量及增减变动数据

存量数据具体包括：地表水期初存量和期末存量；地下水期初存量和期

末存量[87]。

水资源增减变动数据是指水资源本期增加、减少的实物量数据，按照水资源类别分为地表水增减变动数据和地下水增减变动数据，具体采集数据包括以下几方面。

①存量增加数据

存量增加的数据包括降水引起的水资源增加、流入和调入引起的水资源增加、社会经济用水回归引起的水资源增加。

a.降水形成的水资源。该指标为核算期内区域降水形成的地表径流和地下出水量之和。这部分水是可以逐年更新的动态水资源。根据水利部《水资源公报编制规程》(GB/T 23598-2009)，降水形成的地表水应为河流、湖泊、冰川等的地表径流。其计算方法为河流径流量减去河流基流。降水形成的地表水是地下水体中参与水循环并能逐年更新的动态水量，即降水入渗补给量。

b.流入和调入。主动来水按其来源可分为三类：区外流入、区外调入和区内其他水体流入。其中，区外地表水来水量主要来源于天然河流或人工河流通过上游进入区域内的地表水来水量，即入库水资源量，但不包括区外进入界河的来水量；从区域外流入的地下水量，指侧向径流补给量。被动来水量可参考《水资源公报编制规程》中的跨流域调水或相关监测统计结果。区域内其他水体的来水通常是指区域内地表水体与地下水体之间交换的水流量。

c.社会经济用水回归量。该指标是指核算期内社会经济用水（取水量）回归地表水和地下水的总量。回归水按其类型可分为灌溉水回归量和非灌溉水回归量。由于渠系入渗和渠灌田间入渗，灌溉水回归地下水量的统计已包含在区域内其他水体的地下水流入量中。非灌溉水回归地表水量主要指排入环境的水量。该水量对应的用水户应包括除灌溉用水以外的第二产业、第三产业和城乡居民生活用水户。同时要扣除火电、核电直流冷却水和矿井排水的排放量。

②存量减少数据

存量减少数据包括生活用水导致的水资源减少、工业用水导致的水资源减少、农业用水导致的水资源减少、人工生态环境用水导致的水资源减少、流出与调出导致的水资源减少、非用水消耗导致的水资源减少和其他水资源减少等。

a. 用水量。依据采水客户的特性，可以分为生活、工业生产、农牧业、生态供水和城市公共性供水五类。应用《水资源公报编制规程》（GB/T 23598-2009）确立的供水量和用水量统计口径，各项性能指标都可以从《水资源公报编制规程》或水利部《用水总量统计工作方案（试行）》中获取。

b. 流出与调出量。该指标计算的水量根据其流向可分为不同类型，如流向区域外、流向海洋、调向区域外、流向区域内其他水体等。

c. 非用水消耗量。该指标涉及的水量是指江河、湖泊、水利枢纽的蒸发损害，排水蒸发损失和潜水蒸发。地表水非用水消耗主要是由江河、湖泊、水利枢纽等地表水的河面蒸发和排水设施设备排水蒸发构成；地下水非用水消耗主要包含潜水蒸发。

（2）水资源负债数据

水资源负债（支出）是由过去行为造成的现时义务，预期会造成水资源经济效益、社会效益或者生态效益的减少或者水资源保护、污染治理、维护费用的增加[87]。为了更好地与水资源资产负债表中负债项目进行对应，水资源负债表下设置污染治理、环境保护与维护、水利工程建设和自然灾害防治等明细项目。具体需搜集的数据包括以下几方面。

①污染治理

污染治理项目按照治理对象区分为工业污染治理、城镇生活污染治理、农业农村污染治理等。工业污染治理是指对造纸、焦化、氮肥、有色金属、印染、农副食品加工、原料药制造、制革、农药、电镀等重点行业专项治理，实施清洁化改造。城镇污水治理包括城镇污水处理设施建设与改造项目、配套管网建设及污泥处理项目等。农业农村污染治理包括防治畜禽养殖污染、农业面源污染等控制。

②环境保护与维护

环境保护与维护又分为水源地保护和内河环境整治等，分别核算水源保护综合治理成本和河道生态维护成本。

③水利工程建设

水利工程建设主要指水利调控工程等的建筑工程费、设备购置费、安装工程费和其他费用等。

④自然灾害防治

自然灾害防治是指由水资源变化引起的自然灾害支出，比如防汛支出和抗旱支出。

2. 水资源数据资料采集方法

（1）网络数据采集

网络数据采集是指在互联网上寻找权威部门官网公布的数据，采集近几年水资源存量及其变化、水资源价格及其变化等数据。工作人员主要查询政府部门官网公布的权威信息，例如，各级水利局发布的水资源公报、气象局发布的气候公报、统计局公布的统计年鉴、中国水网与自来水公司公布的水价等信息。

（2）相关部门数据采集

工作人员上门拜访有关部门，通过提供问卷等形式，向有关部门了解水资源的存量、质量及其变化，采集官网上无法采集或者未对外公开的所需数据。具体实施时，应在拜访前整理好需要的数据，设计简明易懂的数据表格或调查问卷，提前获取有效公函，与相关部门人员做好有效对接，对数据的内容、含义和时效与对接人员充分沟通，最大可能地保证数据的有效性。拜访后对搜集的数据进行整理，对缺失数据与相关部门进行后续沟通或进行二次拜访。

（3）文献整理

文献整理法是指对目前国内外学术界和实务界的相关文献进行搜集和整理，包括水资源资产和负债的定义、水资源资产负债表体系的构建、水资源资产负债的核算方法、水资源资产负债表的编制依据等，为本项目具体的表格设计、数据获取及处理提供思路。

（4）问卷调查

对于网络数据采集、相关部门数据采集和文献采集等方法均无法获得的数据，可以采用问卷调查法进行补充。首先，根据数据需要设计好调查问卷；其次，安排工作人员进行问卷的发放、收集；最后，对回收的问卷进行整理和统计。

3. 水资源数据采集途径

第一，水资源期初存量、期末存量数据采集单位为各级水利局。

第二，在水资源增减变动表中，降水形成的水资源量、流入与调入、社会经济用水回归量、其他水源水量、生活用水量、工业用水量、农业用水量、人工生态环境补水量、城镇公共用水量、流出与调出等数据向水利局、统计局及自然资源局搜集；未搜集到的数据则根据水资源公报折算或采用文献参照数据。

第三，水资源质量数据，根据我国发布的《地表水环境质量标准》（GB 3838-2002），《地下水质量标准》（GBT 14848-2017）以及环境保护部、国家发展和改革委员会、水利部《地表水环境质量评价方法（试行）》（环办〔2011〕22 号），地表水和地下水的质量可以分为五个维度，分别是Ⅰ类、Ⅱ类、Ⅲ类、Ⅳ类、Ⅴ类。水质的统计数据来源于水资源公报、生态环境局。

第四，水资源负债相关数据来源于各级政府发布的水资源费用支出数据，具体包括《水污染防治行动计划》《"十三五"生态环境保护计划》《"十四五"重点流域水环境综合治理规划》和水环境治理项目招投标费用等。

综上所述，水资源增减变动数据采集途径如表 5-11 所示。

表 5-11　水资源增减变动数据采集途径

时间：

指标名称	代码	数据采集途径或计算方法
一、年初存量	01	数据来源于水利局
二、存量增加	02	
（一）降水形成的水资源量	03	数据来源于水利局
（二）流入与调入	04	数据来源于各级政府水资源公报
（三）社会经济用水回归量	05	数据采集途径借鉴参考文献[100]
三、存量减少	06	
（一）用水量	07	
1.生活用水	08	数据来源于水资源公报、统计年鉴
2.工业用水	09	数据来源于水资源公报、统计年鉴
3.农业用水	10	数据来源于水资源公报、统计年鉴
4.人工生态环境补水	11	数据来源于水资源公报、统计年鉴
5.城镇公共用水	12	数据来源于水资源公报、统计年鉴
（二）流出与调出	13	数据来源于水资源公报
（三）非用水消耗量	14	地表水蒸发量数据采集途径借鉴参考文献[101]
（四）其他	15	根据其他指标倒推出来
四、年末存量	16	数据来源于农业农村局

4.水资源数据采集质量控制

（1）数据采集过程质量控制

在水资源资产价值核算所需数据采集中，采集人员对数据进行全面的质量监控，其中包括所调查数据的全面性及规范性，并且确保所采集数据的计量单位已经完成转换。若发现数据填报不符合要求的，则重新到相关单位按照要求进行重新填报。

数据采集过程中实行四级审验制（内审、收审、复审和互审），做好数据采集表的回收、审验和签字工作。经核实确属数据非正常的，调查人员应再次前往数据采集点进行问卷调查，将数据修改核对后，再次进行上报，所有修改要保留修改痕迹，并做相关说明。

内审是针对正式报出的调查表，问卷调查者进行自审。内审的重点是真实性审核，包括填报数据的口径范围是否与调查表规定一致；填报数据与实际数据是否一致；计量单位是否完成转换；调查表数据填报依据和数据来源是否充分可靠；调查表填报数据是否符合指标要求等。

收审是针对上报的调查表进行全面性与规范性审核，重点检查以下内容：调查表的书写字迹、文字或数字表述、计量单位、小数位数等填写是否规范；必填指标是否有空缺，字迹是否清晰；核实空缺项是无数据还是漏填。

复审是指负责问卷数据复核的人员对调查员所收集的调查表再次进行审核，主要核查调查表之间数据的逻辑性，奇异数据是否说明情况。

互审是指不同调查员之间进行交叉互审，避免人为性审核疏漏，发现问题要及时反馈并修正。

（2）数据录入质量控制

数据采集完毕进行录入时，为了避免工作人员疏忽，导致数据录入错误、错位等现象，采取复录的形式对所采集数据进行多次复核，确保数据录入的完整性和准确性。

数据录入过程中须经过审核校验，确保录入数据与纸质数据的一致性。

（3）数据审核质量控制

对采集的数据要进行一致性和有效性检查、去重审核及必要性审核，保证数据的科学性和合理性。

数据录入时，按统一表式录入采集数据，要做到边录边审，对数据审核做好"四对比"。一是表内或表间相关指标的对比，看是否有不合理的数据；

二是不同时期数据间的对比，看是否有奇异数据；三是对比各地的数据，看数据异常的情况是否出现；四是对比主要指标之间的相对数据，看超常规的数据是否存在。

5.2　水资源价值量核算

现阶段，水资源资产价值计算并没有统一规范化的方式，学者从不同类型的视角，使用不同的价值实体模型去分析水资源资产的价值，并进行了探讨。

5.2.1　水资源价值核算指标

水资源价值核算指标包括水库供水量、供水市场价格、河流供水量、地下水供水量、单位库容造价、总库容、防洪限制水位下库容、单位河堤工程造价、河流当年洪水最高水位、河流多年平均水位、河道面积、正常蓄水位下库容、水质净化费用、水质达标率、湿地蓄水量、电价、地表水年平均蒸发量、单位面积年物种损失的机会成本、地表水面积、水景观消费者支出的平均值、水景观消费者剩余的平均值、地表水资源年接待游客总人数、人均水资源保护宣传费用支出、修复单位面积地质破坏类型（如地面沉降、地裂缝、地面塌陷等）所需经费、地质破坏类型面积、地下水覆盖投影面积、水质等。

5.2.2　水资源价值核算方法

借助于货币形式，以水资源资产负债表为载体，可以得到水资源在经济社会发展过程中所做出的贡献以及所造成的损失[87]。总的来说，就是通过对水资源价值量核算来达到此目标，它同时也是使得水资源实物量实现价值化的重要手段。基于水资源自身的独特性，本书介绍关于水资源价值计量的四种方法。

1. 市场价值法

生产要素在市场价值法中需要考虑环境资源和生态资源，生产效率与相关成品成本的变化会随着这二者的质量变化而产生变化。商品市场价格用于考量所产生的年产值和盈利的变化，进而估计自然环境变化可能造成的损失或盈利。例如，在工业用水中，把其创造的市场价值看作工业经济价值，这一部分是由水资源所带来的经济价值，另外，还可以使用别的方法来估计水资源的经济价值，即用水价作为市场价来进行评估。市场价值法具有简易性、可操作性和可理解性的特征。

2. 替代工程法

替代工程法是这样一种方法，即自然资源自身拥有各种不同的生态环境功能，通过人为构建出与其功能完全一致的工程所需要的费用来对其进行评估，从而将不能进行计量的生态收益转变为可以进行计量的经济价值，将不能进行定量的问题转变为可进行定量的问题，从而使对环境资源的表述得到改善。但是，在实际生活中，与自然物质有着同样作用的替代工程并不是独一无二的。因此，在实际应用过程中，可以对多种选项进行综合考量，然后选取最特定的选项，或将每个选项的平均值进行估计。例如，可以将一个蓄水池的建设费用除以一个蓄水池的容积来计算出水资源的价格。

3. 恢复费用法

恢复费用法是一种在对被毁坏的自然资源和生态环境进行修复时，需要付出代价进行评估的一种方式，即以修复所需要的费用为基础。当被评估的生态系统不符合要求时，要通过某种方法使生态系统恢复至受损之前的生态系统，生态系统修复所需的生态系统修复费用，即生态系统修复费。例如，对江河的资源进行评估，就可以通过成本核算来使水质恢复到原来的水平。

4. 支付意愿法

支付意愿法指以调查问卷为工具来评价被调查者对水文生态系统服务愿意支付金额的方法。

5.2.3　水资源价格表

地表水和地下水的质量可以分为五个维度，分别是Ⅰ类、Ⅱ类、Ⅲ类、Ⅳ类、Ⅴ类（见表5-12）。根据水资源资产质量评定标准，开展不同等级的水资源资产定价研究，计算每个等级所对应的价格，据此可反映出不同等级、不同质量水平下水资源资产的价值。

表 5-12　水资源价格表

（单位：元 / 吨）

类别	分类				
	Ⅰ类	Ⅱ类	Ⅲ类	Ⅳ类	Ⅴ类
地表水					
地下水					

5.2.4　水资源价格形成研究

在现行市场经济体制下，具体支付的水价包含水费、水资源税（费）和污水处理费。参考石晓晓的研究，公式计算如下所示[102]。

$$P_s=C_r+C_e+C_c \tag{5.1}$$

式中：

P_s——水资源价格；

C_r——水费；

C_e——水资源税（费）；

C_c——污水处理费。

水费是住户用水的最基本销售价格，是自己或单位因使用水利工程项目供水而向水利工程管理单位付出的数额。

水资源税（费）是国家征收绝对性质的收益。当全部环境因素（一般以河段为基准）的水资源总产量稀有时，水资源费应依据稀有水平作出调整，以城市为用水口径统一征缴。如今改成水资源税，具有强制性这一特点能够有效提升水资源税（费）的征收率，有利于清除水资源过度开发出来的负外部性。

污水处理费的征缴体现了对企业或者个人排出的污染物质对资源环境造成不利影响的一种赔偿。供水企业代办之后将款项上缴财政部门。财政部门将这一部分资金进行污水管网和污水处理设施的建立、运行和维护保养。

5.2.5　水资源资产价值量计算

水资源资产价值计算包括对水资源供水价值和生态价值的计算，其中经济价值（直接价值）是对地表水和地下水的供水价值汇总；生态价值（间接价值）是对水资源固碳释氧、气候调节、净化水源、洪水调蓄，以及生物多样性价值的汇总。

供水价值量核算以水资源的供应为基础，将其划分为环境主体和经济主体来进行核算。对经济主体相应的供水价值量进行核算时，使用的是市场价值法，将城镇生活用水、农村生活用水、农业用水、工业用水、建筑业用水、服务业用水等作为考虑因素，并与各个种类用水的现有水价相联系，从而对一个国家的供给价值量进行度量，参考杨昭飞和刘阳春的研究，其计算公式如下 [103][104]。

$$V_{供水} = \sum_{i=1}^{n} (w_i \times P_i) \tag{5.2}$$

式中：

$V_{供水}$ ——水资源的供水价值量，单位：万元；

w_i ——第 i 类用水户的供水量，单位：万立方米；

P_i ——第 i 类用水户供水单价，单位：元 / 立方米；

n ——供水户类型数量。

供水主要包括生活用水、工业用水、农业用水、人工生态环境补水和城镇公共用水五类。根据前述供水量和水价数据，可以计算出供水价值量，如表 5-13 所示。

表 5-13   水资源供给价值

时间：

供给类别	单价 （元 / 立方米）	期初		期末	
		使用量 （万立方米）	价值 （万元）	使用量 （万立方米）	价值 （万元）
1. 生活用水					
2. 工业用水					
3. 农业用水					
4. 人工生态环境补水					
5. 城镇公共用水					
合计					

5.3   水资源资产负债表编制

5.3.1   水资源资产

1. 水资源资产的研究

能够为所有者带来经济收益的水资源统称为水资源资产，在自然资源的所属范围内，稀缺性、效益性和产权明确性是水资源资产所具备的特征。水资源资产可以借助会计学中资产的相关定义，以及相关资产负债表的核算要求来界定，即形成于过去发生的相关水活动中，水体水量在将来会得到流入，最终使得所有者获得经济收益的水资源，比如，降水、区域外流入当地水系统的水资源等。那么，水资源资产如何减少呢？伴随着对其的使用，以及对其的损害，最终都会造成水资源资产的流失，比如，农业生产中的灌溉用水、居民日常生活中的用水、蒸发、环境污染等。

2. 水资源资产的确认

水资源可以分为资产性水资源与非资产性水资源，并非所有水资源都可以成为水资源资产[105]。水资源资产是具有一定要求的水资源。本书中的水资源资产指的是在我国各行政区域内，由国家主体控制或管理的，可以或很有可能用于生产、生活，并有希望给行政区域产生经济收益的所有水资源，包含淡水、可再生水和不可再生水。其确定标准主要包含：与本水资源有关的经济收益很有可能流入；水资源资产价值可以可靠地计量检定。除便于监控和检测的地下水，水资源也包括无法监控和检测的冰河和深层次地下水。这一部分水资源资产暂时不列入计算区域。本书中界定的水资源资产是指人们现阶段所使用的可量化的水资源。

3. 水资源资产核算的原则

水资源资产核算的总体原则是由简单到烦琐，由实物量表过渡到价值量表。具体可以参考以下几个基本原则。

（1）存量在先，流量在后

存量是某个时点存在状态下的指标，反映某一时点水资源资产的数量和结构；总流量是处在变化状态的指标，是对应某一阶段，反映水资源在某个时间段内所发生的变动，也就是增减变动表，是对存量核算的有力补充。水资源的存量信息内容体现的是某一天水资源资产的统计数据，总流量信息内容叙述水资源资产在核算期内的变化情况，二者之间相互依存，能够相互转换，总流量来源于存量，又归入存量，存量是由总流量归纳成的。水资源资产存量与流量之间有其内在逻辑关系，但流量核算更为复杂，因此先核算存量再核算流量。

（2）实物量表在先，价值量表在后

实物量核算是关键，根本目的是做好价值量核算。最先搜集水资源资产数据信息，并通过统计公式进行相应的测算，从而搭建实物量账户，该账户可纵向比较不同时间资源存量及变化情况。在实物量核算的基础上，借鉴水资源资产价值计量的科研成果，对其价值量进行计量，以便更易实现水资源资产的货币化。那么，何为水资源实物量表呢？它是指以账户的形式对某一时期的水资源资产的存量、供应、使用和消耗情况进行测量。而价值量表是以实际数据为依据，运用资产估价等手段，对水资源进行全面的估价。按照从简单到困难的顺序，由实物量表过渡到价值量表。

（3）分类在先，综合在后

分类指的是对水资源资产的内部明细展开一系列的分类，而综合指的是在这些类别的基础上，将它们相加，从而得出水资源资产的实物量及价值量。

（4）质与量并重

水资源资产核算不仅要考虑总量的变化，还要考虑质量的变化，做到"质"与"量"并重。从水资源资产负债的角度来看，"量"指的是水资源消耗的程度，"质"指的是水环境污染、生态用水和地表水基础沉陷等问题。

5.3.2　水资源负债

1. 水资源负债的研究

向书坚等认为水资源负债的确认和计量是中国水资源资产负债表编制难题，对公司资产负债表和政府机构统计中负债的定义和归类展开了进一步的比较与研究[106]。

在会计学中，负债主要是指过去的交易或事项所形成的、预期会导致经济利益流出企业的现时义务。根据以上对负债的定义，可以看出负债实质上是主体在某一时间点上应承担的职责。这类职责是主体为了获取资源而需要承担的代价，不论是目前还是未来都必须要偿还的。

2. 水资源负债的确认

现阶段学术界对水资源负债的确认主要有两种见解：一是并没有水资源负债，不用账务处理；二是有水资源负债，但计算的具体内容不统一。本书认为从对水资源科学管理、明确职责的视角，应当意识到水资源负债确认的重要性。在国家方面，水资源资产负债表编制的目的是健全政府官员的绩效评价标准和离任审计规章制度，将水资源维护列入评判标准。在任期之内的官员，如果过分追求社会经济发展，破坏水资源，就会产生负债。与此同时，不同部门实际使用的水资源量，如果超出了国家分配的用水权益指标值，同样也会产生负债。除此之外，水资源外流与水资源资产降低不仅有联系还有区别。水资源资产正常地消耗会使得行政区域内得到额外的经济效益且不造成负债，而水资源的破坏和过度利用则需要修复。假如严重影响水资源的利用，就会产生负债。

国家在编制水资源资产负债表时，就是要通过报表中的有关信息，评估政府官员使用自然资源的情况，这样才能有效地避免破坏生态环境和不能客观反映资源过度消耗的情况。另外，若仅将水资源损失视为资产损失，则与会计信息质量准则中的真实性原则相抵触。财产的损失既与债务有关，也与债务相区别。自然资源资产的正常消费不会产生债务，因为这种消费已经被转换成对人类有益的利益，因此没有必要再进行补偿。但是，如果利用的后果是对生态环境的破坏，就会产生债务。

3. 水资源负债核算的原则

（1）社会发展原则

许多制造业企业为了自身权益考虑，环保意识淡薄，忽略公司自身的企业社会责任，生产用水量大，污水排放量多。因而，水资源负债表的构建应当秉持社会发展原则，为环境治理提供决策参考。

（2）全面反映原则

水资源负债表要全面反映水资源保护、水环境污染及其治理成本等数据。

4. 水资源负债表

水资源负债数据采集后，填入表 5-14 水资源负债表中。

表 5-14 水资源负债表

时间：   （单位：万立方米）

项目	金额
一、水污染治理	
（一）工业污染治理	
（二）城镇生活污染治理	
（三）农业农村污染治理	
二、水环境保护与维护	
（一）水源地保护	
（二）内河环境整治	
三、水利工程建设	
四、自然灾害	
合计	

5.3.3 水资源净资产

1. 水资源净资产的研究

水资源净资产（水资源所有者权益）可以被表达为：水资源资产减去水资源负债，从而得到的属于所有者的剩余权益[105]。也就是说，水资源资产在扣除水资源负债之后，就是水资源净资产，而这一净资产是属于国家的，可以将其称为水资源资本。水资源是大自然给予人类的一份礼物，然而，如果没有人的参与，就无法将其转变为资产，也无法将其完全转化为政府对水资源的开发利用与管理，所以，水资源净资产代表了政府对水资源的最终拥有和控制状态，它是政府为对水资源进行管理，在投入了成本之后的剩余权益。

2. 水资源净资产的确认

水资源净资产是水资源资产减掉水资源债务后剩下的利益，包含水资源使用权和其他权益。为了能让地区主体计算水资源利益，加强水权交易观念，在水资源资产总额中计算水资源使用权。水资源使用权突出体现由水流量分配决定的行政区用水市场份额（地区用水总量控制标准）。依照地区总量操纵的需求，统筹考虑日常生活、生产制造、绿色生态与环境用水，根据土地确权的形式将水权分配给用水，国家对这一部分水收取水资源服务费。在我国，水资源使用权的分配和经营模式以政府配备为主导，坚持"总量操纵、限额管理"的基本原则。国家各个水行政主管部门依照总量操纵的基本原则，对区域范围水资源开展逐级分配，随后水行政主管部门依照"领域消耗定额"的基本原则，将水资源使用权分配给用水户，用水户有权利在预算定额内使用水资源。因此，水资源使用权牵涉到相关部门的分配管理权限和用水者用水权。

水资源还能够充分发挥水产品养殖、水力发电、航运等价值。因此，水资源净资产的其他权益是水资源资产减去水资源债务，减去水资源使用权之外的净资产[105]。

5.3.4　水资源资产负债表的编制

作为人类生存和发展不可或缺的资源，水资源是人类社会赖以生存和发展的根本，同时也是维护区域自然环境平衡与生态系统服务功能的关键要素，因此，它还具备显著的生态价值。水资源核算是编制水资源资产负债表的前提，也是实现水资源管理模式创新的重要途径。

首先，制定水资源资产负债表的框架体系。先编制水资源存量表，再编制水资源增减变动表，并且对水资源的增减变动原因进行详细的划分。其次，对水资源的实物量与各类水的单价进行数据的采集，建立台账。再次，对水资源进行质量等级评估，通过查询资料、相关部门询问以及专家咨询了解各类水资源单价，同时运用特定的价值量计算方法，计算出水资源资产价值。最后，根据计算结果与调查数据，编制水资源资产负债表。

按照国家有关水资源统计和核算的技术规定，某一地区的水资源是由局部降雨所产生的地面和地下的产水量构成。在此基础上，将我国的水资源划分为两大类：地面水资源和地下水资源。地面水资源以河流和湖泊为主要形态，主要是通过降雨形成的，具有动态变化的形式，可以用自然河流的径流来表达。地下水资源是由降雨在地下土层和岩层空隙等构造中富集而成的一种资源。而水资源的负债，按照具体的情况，被划分成污染治理、环境保护和维护、水利工程建设、自然灾害等详细的项目。根据治理对象的不同，污染治理项目分为工业污染治理、城镇生活污染治理、农业农村污染治理等。环境保护和维护分为水源地保护和内河环境整治等，分别核算水源保护综合治理成本和河道生态维护成本。水利工程建设主要指水利调控工程、蓄水工程等的建筑工程费、设备购置费、安装工程费和其他费用等。自然灾害是为了防范旱涝灾害发生的成本或者旱涝灾害发生所造成的损失。

水资源资产负债表的格式如表 5-15 所示，水资源资产减去水资源负债，得到水资源所有者权益（净资产）[105]。

表 5-15　水资源资产负债表

时间：　　　　　　　　　　　　　　　　　　　　　　（单位：万立方米）

水资源资产	期初值	期末值	水资源负债与所有者权益	期初值	期末值
一、供水价值			一、水资源负债		
1. 生活用水			1. 水污染治理		
2. 工业用水			2. 环境保护与维护		
3. 农业用水			3. 水利工程建设		
4. 人工生态环境补水			4. 自然灾害		
5. 城镇公共用水					
二、生态价值			二、水资源所有者权益		
1. 固碳释氧					
2. 气候调节					
3. 水质净化					
4. 蓄水价值					
5. 生物多样性					
水资源资产合计			水资源负债与所有者权益合计		

第6章　土地资源资产负债表

本章主要包含以下六方面内容。第一，阐述土地资源实物量核算的作用和理论；第二，介绍土地资源资产负债表基础数据的采集，包括实物量数据采集与其他数据采集；第三，制定土地资源资产负债表的框架体系，先编制土地资源存量表，再编制土地资源增减变动表，对土地资源增减变动的方向与类型进行详细的统计；第四，运用特定的价值量计算方法，计算出土地资源资产价值；第五，核算土地资源负债；第六，根据前面的计算结果，编制土地资源资产负债表。

6.1　土地资源实物量核算

6.1.1　土地资源实物量核算理论

1. 绿色经济理论

在绿色经济学者看来，生态危机的根源在于人与自然的联系被切断。从绿色经济的角度来看，卡托（Cato）相信，土地是人与社会认同不可或缺的一部分，它也有自己的生活，必须得到人们的尊敬[107]。与此同时，他还指出，站在绿色的角度上，土地所有权的概念并不正确，而恰恰相反的是人类属于土地。所以，在人类与土地的关系中，更趋向于人类对土地进行管理，并鼓励人们在满足自身需要的前提下，通过合理规划生活的方式，来减少对环境的污染。更广义地讲，人们在开展基于生态环境的生产活动时，不能把经济利益放在第一位，而要把生态系统管理、再生资源使用与保护、区域规划、再生系统和可持续社区设计结合起来。

通过改变传统发展方式，实现绿色经济的转型，从而遵循可持续发展的理念是由我国国情决定的。此外，在我国存在着土地利用不合理、以环境换发展模式等问题，所以我国在对土地进行管理时，不仅要注重土地质量，还要注重土地数量，特别要严守18亿亩耕地红线。在绿色经济的概念下，政府在进行土地开发时，必须将生态环境置于首要位置，保证整体土地资源的良性循环，最起码不能对土地和生态环境造成太大的压力。

2. 公共产品理论

生态环境是一种非排他性和非竞争性的资源，是一种公共物品。土地资源是生态系统的组成部分，在"经济人"的开发利用过程中，由于其具有的非竞争性和非排他性，极易引起各经济利益主体间的矛盾。公地是一种公共资源，每个人都希望自己的利益能够得到最大程度的满足，但由于公地的特殊性，没有人能够限制他人的使用，这就形成了个人和公众之间的矛盾，最终造成了资源的耗尽。而公共土地上的产权模糊，又是造成这一悲剧的一个主要因素。

所以，作为人类生存和发展载体的国有土地，要对其进行有效的规制，理清其所有权，从而解决其在发展中因各主体之间的不同而引起的各种矛盾。在此基础上，通过对我国土地使用不合理、土地财政等问题的分析可以看出，在我国强化对国有土地资源实物量的核算是非常必要和迫切的。

6.1.2 土地资源实物量数据采集

涉及的数据主要包括土地资源实物量和其他相关资料。数据主要来源于相关业务部门的统计，以及相关技术手段监测所捕获的数据，另外再通过实地调查数据进行补充。

为了全面了解和掌握土地资源资产总量，进行土地资源价值核算，应对土地资源现状、实物量、增减变动等进行全面调查。在调查过程中，数据采集是关键。因此，在调查之前，针对土地资源现状制定数据采集方案，为土地资源资产价值核算奠定基础。

（1）土地资源数据采集对象

对于土地资源实物量的数据，数据采集对象是自然资源局、农业农村局和统计局等政府部门。

（2）土地资源数据采集范围

参考《土地利用现状分类》《农用地质量分等规程》《复垦农田土壤肥力评价及提升技术规程》（DB14/ T1113-2015）等标准化文件，以及统计年鉴，土地资源数据采集包括耕地、园地、草地、商业服务业用地、住宅用地、公共管理与公共服务用地、工矿用地、特殊用地、交通用地、水利设施用地（水工建筑用地）和其他土地的实物量[108]。

参考《城镇土地估价规程》（GB/T 18508-2001）、《第三次全国国土调查技术规程》（TD/T 1055-2019）等标准化文件，需要采集各乡镇人口、社保缴纳、住房保障及农业种植结构、粮食播种面积、主要粮食作物产量等数据。

（3）实物量数据采集办法

根据所需要的实物量数据设计调查表格，到相关部门获取土地资源的存量及其变化数据。

前往自然资源局，进行相关数据的收集，例如，采集第三次全国土地利用现状调查成果数据，以及相应年度的土地资源变化平衡表数据，据此可以进行土地资源流向分析。

走访统计局，进行相关数据采集，收集《统计年鉴》数据，整理汇总耕地、园地、草地等农用地种植的农产品种类、种植面积、当年播种面积、采摘面积、产量、亩产值等统计数据，以此作为各类农用地直接经济价值测算的基础数据。

为核算土地资源生态价值，需要采集并整理主要农作物类型、播种面积和粮食单产数据。

（4）各类农产品种植面积、产量数据采集

主要农作物播种面积、粮食单产的信息如表6-1所示。

表 6-1　主要农作物播种面积、粮食单产

年度：

农作物类型	播种面积（亩）	粮食产量（万吨）	市场均价（元/公斤）
稻谷			
小麦			
豆类			
薯类			

耕地农产品产量的信息如表6-2所示。

表 6-2　耕地农产品产量

年度：

主要农产品	种植面积（亩）	总产量（吨）	亩产量（公斤/亩）
蔬菜（含菜用瓜）			
茉莉花			
......			

园地资源农产品统计表如表 6-3 所示。

表 6-3　园地资源农产品统计表

年度：

主要农产品类别	种植面积（亩）	总产量（吨）	亩产量（公斤/亩）	市场均价（元/公斤）	亩产值（元/亩）
龙眼					
芒果					
番石榴					
荔枝					
……					

6.1.3　土地资源实物量核算研究现状

1. 国内研究现状

有关理论探索的方面，国内部分学者对自然资源资产负债的可行路径展开了研究。封志明等人指出自然资源资产负债的编制路径，即实物量表—价值量表—资产负债表的编制路径；从局部的个体入手，不断地向总体目标推进[109]。李四能从"自然资源资本视角"分析发现，目前制约资源经营的主要因素是不清晰的财产权和不健全的法规[110]。关于详细的制定，孔含笑等人认为，自然资源资产和负债的定义和测量，可以更接近全国的资产负债表。关于资产账户的恒等式，"自然资源"不同于其他资产，在会计中不仅要列示数量和价值，还应当列示质量[111]。耿建新等人认为，自然资源会计不应当是"资产＝债务＋净资产"的恒等公式，而应当是"资产来源＝资产使用"的均衡[112]。在对其进行详细分析的基础上，向书坚和朱贺提出，由于其属于一项国家财产，因此，应当按照 SNA（2008）的资产负债表设置，并维持其会计核算制度的连贯性[113]。

2.　国外研究现状

20 世纪 70 年代以来，人类对于生态环境的理解逐渐由质的层次向量的层次发展。美国麻省理工学院进行环境与社会发展相关性研究，提出 "生态需要指数"，用于衡量经济增长与环境损耗的比率。从那以后，伴随着对环境和资源的维护，人们对自然资源的认识不断提高，更多的国家开始参与到自然资源的核算工作中，并以设立自然资源相关核算账户的方式对其进行深入的探讨。在对自然资源进行计量时，把自然资产的贬值减去，就可以得到生态资产的实际价值。

6.1.4　土地资源资产分类分级

1. 土地资源分类

依据 2017 年实施的《土地利用现状分类》（GB/T 21010-2017）和我国的国土空间状况，把土地资源核算范围划分成了耕地、园地、林地、草地、商服用地、工矿仓储用地、住宅用地、公共管理与公共服务用地、特殊用地、交通运输用地、水域及水利设施用地、其他用地十二种[108]。土地资源资产核算指标分类如表 6-4。

表 6-4　土地资源资产核算指标分类

一级类		二级类	
编码	名称	编码	名称
01	耕地	0101	水田
		0102	水浇地
		0103	旱地
02	园地	0201	果园
		0202	茶园
		0203	橡胶园
		0204	其他园地

（续表）

一级类		二级类	
编码	名称	编码	名称
03	林地	0301	乔木林地
		0302	竹林地
		0303	红树林地
		0304	森林沼泽
		0305	灌木林地
		0306	灌丛沼泽
		0307	其他林地
04	草地	0401	天然牧草地
		0402	沼泽草地
		0403	人工牧草地
		0404	其他草地
05	商服用地	0501	零售和商用地
		0502	批发市场用地
		0503	餐饮用地
		0504	旅馆用地
		0505	商务金融用地
		0506	娱乐用地
		0507	其他商服用地
06	工矿仓储用地	0601	工业用地
		0602	采矿用地
		0603	盐田
		0604	仓储用地
07	住宅用地	0701	城镇住宅用地
		0702	农村宅基地

（续表）

一级类		二级类		
编码	名称	编码		名称
08	公共管理与公共服务用地	0801		机关团体用地
		0802		新闻出版用地
		0803		教育用地
		0804		科研用地
		0805		医疗卫生用地
		0806		社会福利用地
		0807		文化设施用地
		0808		体育用地
		0809		公用设施用地
		0810		公园与绿地
09	特殊用地	0901		军事设施用地
		0902		使领馆用地
		0903		监教场所用地
		0904		宗教用地
		0905		殡葬用地
		0906		风景名胜设施用地
10	交通运输用地	1001		铁路用地
		1002		轨道交通用地
		1003		公路用地
		1004		城镇村道路用地
		1005		交通服务场站用地
		1006		农村道路
		1007		机场用地
		1008		港口码头用地
		1009		管道运输用地

（续表）

一级类		二级类	
编码	名称	编码	名称
11	水域及水利设施用地	1101	河流水面
		1102	湖泊水面
		1103	水库水面
		1104	坑塘水面
		1105	沿海滩涂
		1106	内陆滩涂
		1107	沟渠
		1108	沼泽地
		1109	水工建筑用地
		1110	冰川及永久积雪
12	其他用地	1201	空闲地
		1202	设施农用地
		1203	田坎
		1204	盐碱地
		1205	沙地
		1206	裸土地
		1207	裸岩石砾地

2. 耕地质量等级

依据《耕地质量等级》（GB/T 33469-2016）、《耕地质量划分规范》（NY/T 2872-2015），以我国典型地区的农田为研究对象，采用层次分析法为基础方法，建立各项指标的权值，运用特尔斐法及模糊数理模型，同时结合"综合指数"法，建立各项指标的归属关系，最后运用等距法，对不同类型的农田进行 15 个级别的分级，其中，1 等为优质耕地，15 等为劣质耕地。

3. 草地质量等级

根据《天然草原等级评定技术规范》(NY/T 1579-2007)，草地质量等级分为 8 级，如表 6-5 所示。

表 6-5　草地质量等级分等依据

草地质量等级	划分标准
1 级	可食牧草产量 ≥ 4000 公斤 / 公顷
2 级	3000 公斤 / 公顷 ≤ 可食牧草产量 < 4000 公斤 / 公顷
3 级	2000 公斤 / 公顷 ≤ 可食牧草产量 < 3000 公斤 / 公顷
4 级	1500 公斤 / 公顷 ≤ 可食牧草产量 < 2000 公斤 / 公顷
5 级	1000 公斤 / 公顷 ≤ 可食牧草产量 < 1500 公斤 / 公顷
6 级	500 公斤 / 公顷 ≤ 可食牧草产量 < 1000 公斤 / 公顷
7 级	250 公斤 / 公顷 ≤ 可食牧草产量 < 500 公斤 / 公顷
8 级	可食牧草产量 < 250 公斤 / 公顷

4. 园地质量等级

亚热带湿润区园地分等指标等级划分标准及其分值如表 6-6、表 6-7 和表 6-8 所示。

表 6-6　果园分等指标等级划分标准及其分值表

指标	等级值				
	100 分	80 分	60 分	40 分	20 分
年日照时数（h）	≥ 2200	1800 ～ 2200	1500 ～ 1800	1200 ～ 1500	< 1200
积温（℃·d）	5500 ～ 6500	6500 ～ 7500	7500 ～ 8000	5000 ～ 5500	< 5000 或 ≥ 8000
年均降水量（mm）	1200 ～ 1500	1500 ～ 1700	1700 ～ 2000	≥ 2000	< 1200
年极端低温（℃）	≥ −3	−6 ～ −3	−9 ～ −6	−12 ～ −9	< −12
有效土层厚度（cm）	≥ 100	—	40 ～ 100	—	< 40
土壤 pH 值	6.0 ～ 6.5	5.5 ～ 6.0	5.0 ～ 5.5	6.5 ～ 7.5	< 5.0 或 ≥ 7.5

（续表）

指标	等级值				
	100 分	80 分	60 分	40 分	20 分
土壤有机质含量（g/kg）	≥ 20	—	10 ～ 20	—	< 10
土壤质地	砂壤土	壤质土	砂质土	黏质土	砾质土
盐渍化程度	无	轻度盐化	—	中度盐化	重度盐化
坡度（°）	6 ～ 15	15 ～ 25	25 ～ 35	< 6	≥ 35
坡向	阳坡	半阳坡	—	半阴坡	阴坡
地下水位（m）	≥ 1.5	—	1 ～ 1.5	—	< 1

表 6-7 茶园分等指标等级划分标准及其分值表

指标	等级值				
	100 分	80 分	60 分	40 分	20 分
积温（℃·d）	≥ 6000	5500 ～ 6000	4500 ～ 5500	4000 ～ 4500	< 4000
年均降水量（mm）	1400 ～ 1800	1200 ～ 1400	1000 ～ 1200	900 ～ 1000 或 1800 ～ 2000	< 900 或 ≥ 2000
相对湿度（%）	80 ～ 85	75 ～ 80	70 ～ 75	60 ～ 70	< 60 或 ≥ 85
年极端低温（℃）	≥ -1	-3 ～ -1	-5 ～ -3	-8 ～ -5	< -8
有效土层厚度（cm）	≥ 100	—	40 ～ 100	—	< 40
土壤 pH 值	4.5 ～ 5.5	4.0 ～ 4.5	5.5 ～ 6.0	6.0 ～ 6.5	< 4.0 或 ≥ 6.5
土壤有机质含量（g/kg）	≥ 30	—	15 ～ 30	—	< 15
土壤质地	砂壤土	壤质土	砂质土	砾质土	黏质土
坡度（°）	6 ～ 15	15 ～ 25	25 ～ 35	≥ 35	< 6
坡向	半阳坡	阳坡	—	半阴坡	阴坡
海拔（m）	400 ～ 500	300 ～ 400	500 ～ 700	700 ～ 1000	< 300 或 ≥ 1000

表 6-8　橡胶园分等指标等级划分标准及其分值表

指标	等级值				
	100 分	80 分	60 分	40 分	20 分
年日照时数（h）	1300～1500	1500～1800	1800～2000	1200～1300	＜1200 或 ≥2000
积温（℃·d）	5000～7000	7000～9000	4500～5000	4000～4500	＜4000 或 ≥9000
年均降水量（mm）	1500～1800	1800～2100	2100～2500	1200～1500	＜1200 或 ≥2500
年极端低温（℃）	≥5	4～5	3～4	2～3	＜2
10 级以上风次数（次）	＜2	2～4	4～7	7～9	≥9
有效土层厚度（cm）	≥100	—	60～100	—	＜60
土壤 pH 值	4.5～5.5	4.0～4.5	5.5～6.5	6.5～7.0	＜4.0 或 ≥7.0
土壤有机质含量（g/kg）	≥30	25～30	15～25	10～15	＜10
土壤质地	黏质土	壤质土	砂壤土	砂质土	砾质土
坡度（°）	6～15	15～25	25～35	＜6	≥35
坡向	阳坡	半阳坡	—	半阴坡	阴坡

6.1.5　土地资源实物量核算台账

土地资产负债表编制工作的首要任务是建立台账，首先对土地资源的实物量进行记录；其次对土地资源的增减变动状态进行核算[114]，为土地资源资产负债核算提供数量基础。土地资源实物量数据台账如表 6-9 所示。

表 6-9　土地资源存量及增减变动表

时间：　　　　　　　　　　　　　　　　　　　　　　　　　　　（单位：公顷）

分类名称	期初存量	本期增加	本期减少	期末存量
耕地				
园地				
林地				
草地				
商服用地				
工矿仓储用地				
住宅用地				
公共管理与公共服务用地				
特殊用地				
交通运输用地				
水域及水利设施用地				
其他用地				
合计				

表 6-4 中每一类土地资源都按照表 6-10 质量等级进一步分类归集。

表 6-10　耕地质量等级表

时间：　　　　　　　　　　　　　　　　　　　　　　　　　　　（单位：公顷）

耕地质量等级	期初存量	本期增加	本期减少	期末存量
1 等				
2 等				
3 等				
4 等				
5 等				
6 等				
7 等				
8 等				
9 等				
10 等				
平均质量等级				

表6-11中纵向指标（列）代表原有的土地类型，横向指标（行）代表变更后的土地类型，将行、列结合即可统计出每年土地类型变化方向与变化面积。

表6-11　土地资源实物量增减变动表

时间：　　　　　　　　　　　　　　　　　　　　　　　　　　（单位：公顷）

变更前	变更后											
	耕地	园地	林地	草地	商服用地	工矿仓储用地	住宅用地	公共管理与公共服务用地	特殊用地	交通运输用地	水域及水利设施用地	其他用地
耕地												
园地												
林地												
草地												
商服用地												
工矿仓储用地												
住宅用地												
公共管理与公共服务用地												
特殊用地												
交通运输用地												
水域及水利设施用地												
其他用地												

6.2　土地资源价值量核算

土地资源价值量核算包括直接价值和间接价值核算。直接价值核算包括耕地、园地、草地等农用地经济价值核算，商服用地、住宅用地、工矿仓储用地经济价值核算，交通运输用地、水域及水利设施用地经济价值核算；间接价值核算主要是耕地社会价值核算，如社会保障价值、供给服务价值、调节服务价值、支持服务价值和文化服务价值核算。

6.2.1 价格数据采集

对于社会经济数据，数据采集对象是统计局提供的《统计年鉴》和人民政府网站。对于价格数据，采集对象包括惠农网（https://www.cnhnb.com）、VIP 蔬菜网（http://www.vipveg.com）、21 食品商务网（https://www.21food.cn）等主要农产品价格信息公开平台；对于建设用地资源地价数据，采集对象是中国地价信息服务平台（http://www.landvalue.com.cn）以及自然资源管理部门。

1. 农产品市场价格信息采集

主要粮食作物（稻谷、大豆、小麦、玉米和薯类）的市场价格信息来自惠农网的农产品价格行情，各类蔬菜产品的市场批发价格来自 VIP 蔬菜网公布的海峡蔬菜市场的价格信息，茉莉花的市场价格来自《中国茉莉花茶产销形势分析报告》，主要的水果产品（龙眼、芒果、荔枝、番石榴等）市场价格来自惠农网、食品商务网等价格信息平台的数据。应用采集的农产品单价数据，计算它们的平均单价。

（1）主要粮食作物价格信息

全国大米、大豆、小麦、玉米和薯类价格行情如表 6-12、表 6-13、表 6-14、表 6-15 和表 6-16 所示。

表 6-12　　全国大米价格行情

时间：　　　　　　　　　　　　　　　　　　　　　　　（单位：元／公斤）

分类名称	品种名称	价格	来源
大米	粳米（普通）		
大米	籼米（晚籼米）		
大米	大米		
大米	糯米		
大米	粳米（普通）		
大米	籼米（晚籼米）		
大米	大米		
大米	糯米		
大米	粳米（普通）		
大米	籼米（晚籼米）		
大米	大米		
大米	糯米		
……	……		

表 6-13　全国大豆价格行情

时间：　　　　　　　　　　　　　　　　　　　　　　　（单位：元／公斤）

品种	价格	来源
大豆		
大豆		
大豆		
大豆		
大豆		
……		

表 6-14 全国小麦价格行情

时间：   （单位：元 / 公斤）

分类名称	品种名称	价格	来源
小麦	特二粉		
小麦	特二粉		
……	……		
小麦	特一粉		
小麦	特一粉		
……	……		
小麦	标准粉		
小麦	标准粉		
……	……		
小麦	面粉		
小麦	面粉		
……	……		

表 6-15 全国玉米价格行情

时间：   （元 / 公斤）

品种	价格	来源
玉米		
玉米		
玉米		
玉米		
玉米		
……		

表 6-16　全国薯类价格行情

时间：　　　　　　　　　　　　　　　　　　　　　　　　　　　　　　　（元/公斤）

品种	报价市场	平均价格
红薯		
红薯		
红薯		
红薯		
红薯		
……		

（2）主要蔬菜价格信息

主要蔬菜批发价格信息如表 6-17 所示。

表 6-17　蔬菜批发价格信息

时间：　　　　　　　　　　　　　　　　　　　　　　　　　　　　　　　（单位：元）

品种	批发市场	最低价格	最高价格	平均价格
平菇				
香菇				
南瓜				
莴笋				
莲藕				
西葫芦				
油菜				
菠菜				
洋白菜				
豆角				
菜花				
冬瓜				
茄子				
白萝卜				

（续表）

品种	批发市场	最低价格	最高价格	平均价格
芹菜				
西红柿				
土豆				
大白菜				
生菜				
……				

（3）茉莉花价格信息

中国茉莉花四大主产区鲜花单价如表6-18所示。

表6-18　中国茉莉花四大主产区鲜花单价

时间：　　　　　　　　　　　　　　　　　　　　　　　　　　　（单位：元）

产区	广西横州市	四川省犍为县	福建省福州市	云南省元江县
单价				

（4）一些水果价格信息

全国龙眼、芒果、番石榴和荔枝价格信息如表6-19、表6-20、表6-21和表6-22所示。

表6-19　全国龙眼价格信息

时间：　　　　　　　　　　　　　　　　　　　　　　　　　　　（单位:元）

品种	批发市场	最低价格	最高价格	平均价格
龙眼				
龙眼				
龙眼				
龙眼				
龙眼				
……				

表 6-20　全国芒果价格信息

时间：　　　　　　　　　　　　　　　　　　　　　　　　（单位：元 / 公斤）

品种	产地	最低价格	最高价格	平均价格
芒果				
芒果				
芒果				
芒果				
……				

表 6-21　全国番石榴价格信息

时间：　　　　　　　　　　　　　　　　　　　　　　　　（单位：元 / 公斤）

品种	产地	价格
番石榴		
番石榴		
番石榴		
番石榴		
……		

表 6-22　全国荔枝价格信息

时间：　　　　　　　　　　　　　　　　　　　　　　　　（单位：元 / 公斤）

分类名称	品种名称	平均价格	数据来源
荔枝			
荔枝			
荔枝			
荔枝			
……			

2.建设用地地价数据采集办法

为核算建设用地的直接经济价值，要采集建设用地地价数据，数据主要来自中国地价信息服务平台综合用途以及各分类用途地价监测数据，如表 6-23 所示。

为核算建设用地中非经营性用途用地的直接经济价值，要到自然资源主管部门收集《城区土地级别及基准地价修编成果》，整理各细分用地类型基准地价修正系数表，如表 6-24 所示。

表 6-23　地价监测值

时间：   （单位:元 / 平方米）

季度	综合用途	商服用途	住宅用途	工业用途
第一季度				
第二季度				
第三季度				
第四季度				

表 6-24　各细分用地类型基准地价修正系数表

用地类型		概括范围	用途修正系数（K）	比准用途设定	容积率
商服用地	批发零售用地	关于进行商品批发、交易的用地。指的是商场、商铺、超市、各类批发（零售）交易的市场、加油站等，以及与之相关的附属的小型仓库、车间、工厂等的用地	1	商服用地基准地价	2.5
		其中聚集在一起的商业用地	0.8		2.5
	住宿餐饮用地	关于进行提供住宿、供应餐饮服务的用地。指的是度假村、餐厅、酒吧、宾馆、酒店、饭店、旅馆、招待所等	0.7		2.5
		其中宾馆及酒店用地在四星级（含四星级）以上的	0.6		2.5

（续表）

用地类型		概括范围	用途修正系数（K）	比准用途设定	容积率
商服用地	商务金融用地	关于经营性的办公场所用地以及企业、服务业等办公用地。指的是写字楼、具有商业性质的办公场所、具有金融性质的活动场所和位于企业厂区外的单独的办公场所等用地	0.8	商服用地基准地价	2.5
		其中自持商务金融（办公）用地	0.7		2.5
		其中文化创意用地（广告、多媒体、动漫、游戏软件开发、建筑设计等，土地用途确定为商务金融用地；为工业生产配套的文化创意产业项目用地，土地用途确定为工业用地）	0.7		2.5
	其他商服用地	指上述用地以外的其他商业、服务业用地。包括洗车场、洗染店、废旧物资回收站、维修网点、照相馆、理发美容店、洗浴场所等用地	0.7		2.5
		其中会展中心用地（指人们进行物质交流和文化、学术等方面信息交流活动的场所，集展览、会议、商住为一身，通常包含会议、展览和相关附属建筑）	0.6		2.5
		其中养老服务用地。包括老年社会福利院、养老院、老年公寓、护养院、敬老院等用地	0.6		2.5
		其中现代物流用地（运输型物流、商业仓储物流、陆地港和公路港等综合服务型物流等，土地用途确定为其他商服用地；工业仓储物流项目，土地用途确定为仓储用地）	0.7		2.5
		机动车训练项目（含驾校）用地	0.7		2.5
		主题公园、影视城、仿古城用地	0.6		2.5
		休闲观光农业（娱乐、民俗观光设施或休闲设施）用地	0.6		2.5

（续表）

用地类型		概括范围	用途修正系数（K）	比准用途设定	容积率
公共管理与公共服务用地	机关团体用地	指用于党政机关、社会团体、群众自治组织等单位自用土地	0.7	商服用地基准地价	2.5
	新闻出版用地	指用于广播电台、电视台、电影厂、报社、杂志社、通讯社、出版社等的用地	0.7		2.5
	科教用地	指用于各类教育，独立的科研、勘测、设计、技术推广、科普等的用地	0.6		2.5
	医卫慈善用地	指用于医疗保健、卫生防疫、急救康复、医检药检、福利救助等的用地	0.6		2.5
	公共设施用地	指用于负责城乡基础设施营运的营业办公用地	0.7		2.5
	文体娱乐用地	指用于各类文化、体育、娱乐及公共广场等用地	0.7		2.5
交通运输用地	街巷用地	指用于城镇、村庄的公共停车场，汽车客货运输站点及停车场等用地	0.6		2.5
住宅用地	普通住宅用地	指城镇用于生活居住的普通住宅用地及其附属设施用地	1	住宅用地基准地价	2
	公寓用地	指城镇用于生活居住的公益性公寓用地及其附属设施用地（整体产权不可分割转让）。包括学生公寓、教师公寓以及开发区或工业区配套建设的单位职工宿舍、外口公寓等用地	0.7		2
	别墅用地	指城镇用于生活居住的别墅用地及其附属设施用地	1.2		2
特殊用地	殡葬用地	指陵园、墓地、殡葬场所用地	0.7		2
	宗教用地	指专门用于宗教活动的庙宇、寺院、道观、教堂等宗教自用地	0.7		2
工矿仓储用地	工业用地	指工业生产及直接为工业生产服务的附属设施用地	1	工业用地基准地价	1
	仓储用地	指用于物资储备、中转的场所用地，含工业仓储物流用地	1		1
	采矿用地	指采矿、采石、采砂（沙）场，盐田，砖瓦窑等地面生产用地及尾矿堆放地	1		1

（续表）

用地类型		概括范围	用途修正系数（K）	比准用途设定	容积率
公共管理与公共服务用地	公共设施用地	指用于城乡基础设施生产维修的用地。包括给排水、供电、供热、供气、邮政、电信、消防、环卫、公用设施等用地	1	工业用地基准地价	1
	风景名胜设施用地	指用于风景名胜（包括名胜古迹、旅游景点、革命遗址等）景点及管理机构的建筑用地。景区内的其他用地按现状归入相应地类	1		1
	公园与绿地	指城镇、村庄内部的公园、动物园、植物园、街心花园和用于休憩及美化环境的绿化用地	1		1
交通运输用地	铁路用地	指用于铁道线路、轻轨、场站的用地。包括设计内的路堤、路堑、道沟、桥梁、林木等用地	1	工业用地基准地价	1
	公路用地	指用于高速公路、国道、省道、县道和乡道的用地。包括设计内的路堤、路堑、道沟、桥梁、汽车停靠站、林木及直接为其服务的附属用地	1		1
	街巷用地	指用于城镇、村庄内部公用道路（含立交桥）及行道树的用地	1		1
	机场用地	指用于民用机场的用地	1		1
	港口码头用地	指用于人工修建的客运、货运、捕捞及工作船舶停靠的场所及其附属建筑物的用地，不包括常水位以下部分	1.2		1
	管道运输用地	指用于运输煤炭、石油、天然气等管道及其相应附属设施的地上部分用地	1		1
水域及水利设施用地	水工建筑用地	指人工修建的闸、坝、堤路林、水电厂房、扬水站等常水位岸线以上的建筑物用地	0.8		1

数据来源：福州市人民政府：《2017 年福州市四城区土地级别及基准地价修编成果》［EB/OL］.（2017–10–30）［2024–01–02］. https://www.fuzhou.gov.cn/zfxxgkzl/szfbmjxsqxxgk/szfbmxxgk/fzsrmzfbgt/zc/xzgfxwj/201711/t20171103_1812292.htm.

6.2.2 耕地、园地、草地等农用地经济价值核算

运用收益还原法，将在使用期间的待估对象各年预期客观纯利润以一定的折现率折合到估值期内，从而获得其经济价值。按照参考文献，计算公式为[115]：

$$V = \frac{LJ}{R}[1 - \frac{1}{(1+R)^n}] \tag{6.1}$$

式中：

V——土地资源经济价值；

LJ——土地资源年经济纯收益；

R——土地贴现率；

n——土地使用年限。

由于我国农村土地采取家庭联产承包责任经营制，所以农民对农村土地承包经营权可以当成是无期限的。此类土地使用年限 n 可以看作无穷大，因此公式可以简化为：

$$V = \frac{LJ}{R} \tag{6.2}$$

（1）土地资源年经济纯收益 LJ 的确定

年经济纯收益（元/年）是指农地全年总收益与农业补贴扣除相应必要投入成本后的净额。

（2）贴现率 R 的确定

根据王仕菊等的研究[115]，采用经济合作与发展组织（OECD）提出的复合贴现率，公式如下：

$$R = h_1 \times s + h_2 \times r \tag{6.3}$$

$$s = p + u \times g \tag{6.4}$$

式中：

h_1——国民收入的消费部分，通常确定为 80%；

h_2——农民取得收入前的投资，如记为 20%；

s——社会时间偏好率，如记为 4%；

r——个人资本的边际机会成本，如定为 8%；

p——纯粹时间偏好率；

u——随着消费增长边际效用递减率；

g——人均消费增长预期。

将数值代入式中，得出贴现率 R 为 4.8%。

估算预期纯收益需要采集农地全年总收益、农业补贴与相应必要投入成本，细化数据如表 6-25 所示。

表 6-25　农用地实物量产出及其成本统计表

时间：

主要农产品类别	面积（万公顷）	产量（吨）	市场均价（公斤/元）	农业补贴（元/公顷）	人工劳动成本（元/公顷）	物资资本（元/亩）
水稻						
花生						
油菜籽						
甘蔗						
茶叶						
园林水果						
蔬菜						
食用菌						

将采集的数据代入上述公式，分别得到耕地、园地、草地的经济价值量，记录于表 6-26。

表 6-26　耕地、园地、草地经济价值统计表

时间：

土地利用类型		实物量（公顷）	价值量（万元）
耕地	水田		
	水浇地		
	旱地		
园地	果园		
	茶园		
	其他园地		
草地	天然牧草地		
	沼泽草地		
	人工牧草地		
合计			

6.2.3　商服用地、住宅用地、工矿仓储用地经济价值核算

商服用地、住宅用地、工矿仓储用地等都是能够在市场上自由交易的城镇建设用地，现在，在我国大多数的城镇中，这类用地都有比较完善的基准地价、地价动态监测和城市交易的地价体系，所以，通过三种常见的公示地价，即国家公布的基准地价、监测地价和标定地价，对这一类用地进行了经济价值的评价，主要参照参考文献中资产评估的方法[116]，并结合实际情况。公式如下：

$$A = P \times S = [\sum_{i=1}^{n}(P_i \times S_i)/\sum_{i=1}^{n}S_i] \times S \qquad (6.5)$$

式中：

A——土地资产价值量；

P——区域同类型用地的平均价格（单位面积市场价值）；

S——区域同类型用地的面积；

i——第 i 类用地，i=1，2，3，…，n。

根据公式 6.5，可得建设用地直接经济价值，如表 6-27 所示。

表 6-27　经营性建设用地价值量核算表

时间：

一级地类	二级地类	实物量（公顷）	均价（元 / 平方米）	系数	价值量（万元）
商业服务业用地（05）	商业服务业设施用地（05H1）			1	
	物流仓储用地（0508）			0.7	
	小计				
工矿用地（06）	工业用地（0601）			1	
	采矿用地（0602）			1	
	小计				
住宅用地（07）	城镇住宅用地（0701）			1	
	农村宅基地（0702）			1	
	小计				
公共管理与公共服务用地（08）	机关团体新闻出版用地（08H1）			0.7	
	科教文卫用地（08H2）			0.7	
	公用设施用地（0809）			1	
	公园与绿地（0810）			1	
	小计				
	特殊用地（09）			0.7	
交通运输用地（10）	铁路用地（1001）			1	
	轨道交通用地（1002）			1	
	公路用地（1003）			1	
	城镇村道路用地（1004）			1	
	交通服务场站用地（1005）			1	
	农村道路（1006）			1	
	机场用地（1007）			1	
	港口码头用地（1008）			1.2	
	管道运输用地（1009）			1	
	小计				
水域及水利设施用地（11）	水工建筑用地（1109）			0.8	
	总计				

6.2.4 湿地（水域）经济价值核算

湿地为人类社会提供了丰富的生态系统产品和服务，例如，能够提供鱼类、纤维、水、药材等产品，并具备改善水质、控制海水侵蚀、保护区域环境多样性和维护整个地球生命支持系统的稳定等服务，对区域的生态健康有着重大的影响。湿地直接或间接地影响着人类社会的生存、发展、健康和福利，而人类活动又强烈地影响着湿地生态系统提供服务的形式与能力。

湿地是陆地系统和水体系统交互形成的独特生态系统，我国湿地具有以下特点：类型较多、面积大、绝对数量大、区域差异明显、生物多样性丰富，有重要的经济价值和科研价值，同时也是世界某些鸟类唯一的越冬或迁徙的必经之地[117]。但近年来我国湿地面临着许多威胁，只有搞清楚湿地资源在恢复和保护中所面临的威胁与问题，才能对湿地资源进行更好的保护与恢复。

根据《北京市级湿地公园评估标准》（DB11/T 769-2010）、《湿地生态系统服务功能评估规范》（LY/T 2899-2017）等标准化文件，以及国内外对于湿地资源的相关研究[118][119]，将湿地资源资产价值归为 4 大类 11 型，4 大类分别为供给服务价值、调节服务价值、支持服务价值和文化服务价值，其中 11 型包括食物生产价值、水资源供给价值、原材料供给价值、防洪蓄水价值、水质净化价值、气候调节价值、固碳价值、释氧价值、休闲旅游价值、文化科教价值、生物多样性维持价值。下面针对湿地资源所分类的 10 种价值测算采用的方法进行简单介绍。

1. 供给服务价值核算方法

（1）食物生产价值核算方法

采用市场价值法计算湿地生态系统所带来的食物生产价值，公式如下：

$$A_1 = \sum Q_{1i} \cdot S_i \cdot P_{1i} \tag{6.6}$$

式中：

A_1——食物生产总价值；

Q_{1i}——食物 i 的单位面积产量，单位：千克 / 公顷；

S_i——食物 i 的面积，单位：公顷；

P_{1i}——相应食物 i 的市场单位价格，单位：元 / 千克。

（2）水资源供给价值核算方法

湿地有为周边地区提供生活、工业、农业和生态用水的功能，产生了供水功能价值，可以用市场价值法来核算湿地的供水价值，其所使用的公式如下所示。

$$A_2 = \sum Q_{2i} \cdot P_{2i} \qquad (6.7)$$

式中：

A_2——水供给功能价值；

Q_{2i}——第 i 种用途的水量，单位：吨；

P_{2i}——第 i 种用途水的市场价格，单位：元 / 吨。

（3）原材料供给价值核算方法

运用市场价值法计算湿地生态系统所提供的原材料的价值，具体的计算如下。

$$A_3 = \sum T_i \cdot P_{3i} \qquad (6.8)$$

式中：

A_3——原材料总价值；

T_i——各种湿地原材料的产量，单位：吨；

P_{3i}——相应原材料的市场单位价格，单位：元 / 吨[120]。

2. 调节服务价值核算方法

人类从湿地生态系统的调节功能中获得的价值，包括防洪蓄水、水质净化、气候调节、固碳、释氧、土壤保持等。

（1）防洪蓄水价值核算方法

防洪功能用替代工程法来计算其经济价值，可以采用如下公式。

$$B_1 = (Q_{r1} - Q_{r2}) \cdot P_c \qquad (6.9)$$

式中：

B_1——洪水调节价值；

Q_{r1}——水位连续增加时段内最高水位对应的蓄水量，单位：立方米；

Q_{r2}——水位连续增加时段内最低水位对应的蓄水量，单位：立方米；

P_c——建设单位库容的造价，单位：元／立方米。

湿地调蓄洪水能力主要包括河流湿地和部分人工湿地蓄水。蓄水功能用替代工程法来计算其经济价值，可以采用如下公式。

$$B_2 = S \cdot H \cdot P_c \qquad (6.10)$$

式中：

B_2——蓄水价值；

S——湖泊或河流湿地的面积，单位：平方米；

H——湖泊或河流湿地的平均水深，单位：米；

P_c——建设单位库容的造价，单位：元／立方米。

（2）水质净化价值核算方法

湿地具有强大的生态净化功能，进入湿地的污染物没有使水体整体功能退化，即可以认为湿地起到净化的功能[121]。采用替代工程法或费用支出法来计算其价值，具体核算公式如下。

$$B_3 = Q_{3i} \cdot \rho \cdot P_d \qquad (6.11)$$

式中：

B_3——水质净化价值；

Q_{3i}——第 i 种污染物的年排放总量，单位：千克；

ρ——湿地污染物平均处理率，单位：%；

Pd——污水处理工程单位造价或者单位污水处理成本，单位：元／千克。

（3）气候调节价值核算方法

湿地的气候调节价值主要包括湿地水面蒸发量、植被蒸腾量的总价值。采用成果参数法计算气候调节的间接价值的公式为：

$$B_6 = k \cdot P_i \cdot (Q_1 S_1 + Q_2 S_2) \qquad (6.12)$$

式中：

B_6——气候调节功能价值；

P_i——单位体积水汽通过蒸腾作用调节气候的价值；

Q_1——湿地水面单位面积的蒸发量，单位：毫米；

S_1——湿地水面面积，单位：公顷；

Q_2——植物单位面积的蒸腾量，单位：毫米；

S_2——湿地植物面积，单位：公顷；

k——校正系数。

（4）固碳价值核算方法

采用市场价值法、替代工程法或碳税法来计算湿地固碳价值，具体计算公式如下。

$$B_7 = (24.5 \times M_{CH_4} + M_{CO_2}) \times A \times P \qquad (6.13)$$

式中：

B_7——固碳价值；

M_{CH_4}——湿地 CH_4 的净交换量，单位：千克／公顷；

M_{CO_2}——湿地 CO_2 的净交换量，单位：千克／公顷；

A——湿地面积，单位：公顷；

P——碳交易价格、造林固碳成本或国际碳税标准的平均值。

式中以增温趋势（GWP）将 1000 克的 CO_2 产生的温室效应等同于 24.5 千克的 CH_4 产生的温室效应[122]。

（5）释氧价值核算方法

湿地生态系统释放氧气的价值可以采用影子价格法或者替代工程法，类比工业制氧来估算其价值。释氧价值的计算公式为：

$$V_{s2}=Q_{s2}P_{s2} \qquad (6.14)$$

式中：

V_{s2}——释氧总价值；

P_{s2}——工业制氧的影子价格或替代工程成本；

Q_{s2}——湿地生态系统植物释放的氧气量。

3. 支持服务价值核算方法

湿地生态系统支撑服务主要包括生物多样性维持等。

湿地生物多样性丰富，是重要的鸟类栖息地、繁殖地、中转站。维持生物多样性价值计算公式如下所示。

$$C_1 = SP_b \qquad (6.15)$$

式中：

C_1——生物多样性维持价值；

S——湿地面积，单位：公顷；

Pb——单位面积湿地生物多样性价值，单位：元/公顷[122][123]，采用Shannon-Wiener 指数法计算机会成本确定。

4. 文化服务价值核算方法

人类从湿地生态系统中获得非物质福祉，包括休闲旅游、文化科教等。

（1）休闲旅游价值核算方法

湿地资源丰富，风景优美，特殊的自然条件造就了其特别的旅游功能。采用旅行费用支出法来计算其价值，具体计算公式如下。

$$D_1 = N_1 + N_2 + N_3 \qquad (6.16)$$

式中：

D_1——湿地休闲旅游价值；

N_1——旅行费用支出；

N_2——消费者剩余；

N_3——旅游时间价值[122]。

（2）文化科教价值核算方法

湿地是生态系统天然的"本底"和物种基因库，是科学研究的天然实验室，其资源可为科学研究和教育教学提供平台。采用成果参数法来计算其价值，具体计算公式如下。

$$D_2 = S \cdot U \tag{6.17}$$

式中：

D_2——湿地科研教育价值；

S——湿地面积；

U——单位湿地面积产生的科研教育价值[122]。

6.2.5　交通运输用地、水利设施用地经济价值核算

这种土地是一块公益的国有建设用地，国家在进行计划的时候，会将相应区域内基本设施的均衡、生态环境的均衡和土地的合理分配进行重点考量，所以这种用地的转化价值相对来说比较低，估算地价以当地政府主管部门发布的《城区土地级别及基准地价修编成果》为基准，并参照当年当地征地价格，如表 6-28 所示。

表 6-28 土地资源经济价值统计表

时间：

土地利用类型	实物量（公顷）	价值量（万元）
耕地		
园地		
草地		
商服用地		
工矿仓储用地		
住宅用地		
公共管理与公共服务用地		
特殊用地		
交通运输用地		
水域及水利设施用地		
其他用地		

6.2.6 耕地社会价值核算

参考许鹏鸿的研究成果，耕地社会价值的计算公式如下[124]：

$$E_s = E_b + E_L \qquad (6.18)$$

式中：

E_s——土地资源社会总价值；

E_b——社会保障价值；

E_L——社会稳定价值。

1. 社会保障价值

采用替代法来进行社会保障价值的计算，其计算核心思路主要是：根据城市和乡村居民之间对于来自政府所给予的社会保障资金的支出差额来进行估计。通俗地说，就是使用社会养老保险来进行推算。参考许鹏鸿等人[124]的测算方法，采用养老保险金作为基础来进行核算，计算公式如下。

$$E_b = (V_c - V_x) \times N / S \tag{6.19}$$

式中：

E_b——土地资源社会保障价值；

V_c——城镇社会保险价值；

V_x——农村社会保险价值；

N——农业人口；

S——耕地面积。

城镇社会保险价值的计算公式为：

$$V_c = (A_1 + A_2 + A_3 + A_4) \times K \tag{6.20}$$

式中：

V_c——城镇社会保险价值；

A_1——基本医疗保险缴费比例；

A_2——养老保险缴费比例；

A_3——失业保险缴费比例；

A_4——工伤保险缴费比例；

K——社会保险最低缴费基数[125]。

农村社会保险价值的计算公式为：

$$V_x = B_1 + B_2 \tag{6.21}$$

式中：

V_x——农村社会保险价值；

B_1——新农保价值；

B_2——新农合价值。

2. 社会稳定价值

维护社会稳定价值的首要因素就是粮食安全问题，而衡量粮食安全问题的载体则是耕地。从《中华人民共和国土地管理法》中可以得知，对于将土地作用变更为耕地的个体，必须要偿还一定的耕地，此耕地的数量要求和质量要求必须同所占用的土地状况基本一致，若达不到此要求，则必须按照一定的规定，对开垦的土地进行缴费，即耕地开垦费用，此笔款项将被用于对新的耕地进行开垦。参考唐莹的研究成果，运用市场替代法，用耕地占用税、新增建设用地有偿使用费、耕地开垦费和新菜地开发建设基金等费用来代替耕地的社会稳定价值[126]。

6.2.7 耕地、园地、草地生态价值估算

生态系统服务价值最早由美国科斯坦萨（Costanza）等对生态系统服务类型做了划分[127]，并总体上对全球陆地系统以及海洋系统的生态系统服务价值进行了核算。根据谢高地等人的研究成果[128]，从国情出发，将生态系统服务类型划分为供给服务、调节服务、支持服务和文化服务（含提供美学景观），并在 Costanza 的生态系统服务价值评估体系的基础上，采用支付意愿法分别在 2002 年和 2006 年进行了问卷调查，调查的对象是 700 位生态学专业的中国专家，在这次问卷调查的基础上，更新了生态系统服务评估单价体系。

谢高地等人提出，1 个标准单位的生态服务价值当量系数（下文简称标准值）是以 1 公顷国家的人均耕地的自然产量作为衡量指标，并将该指标与专家的经验相联系，从而得出相应的指标。其作用在于可以表征和量化不同类型生态系统对生态服务功能的潜在贡献能力[129]。

利用市场价值法，来计算一个农田单位面积上，自然粮食生产产量的经济价值。利用研究区内主要粮食作物播种面积（粮食作物主要有稻谷、小麦、玉米、甘薯、大豆）、主要粮食单产、主要粮食作物的全国平均价格进行计算[130]，计算公式为：

$$E = \frac{1}{7} \sum_{i=1}^{n} \frac{m_i p_i q_i}{M} \quad (i=1, 2, 3, \cdots, n) \quad\quad (6.22)$$

式中：

E——单位面积农田生态系统每年自然粮食产量的经济价值，单位：元 /
公顷；

m_i——*i* 种粮食作物的播种面积，单位：公顷；

p_i——*i* 种粮食作物当年的全国平均价格，单位：元 / 吨；

q_i——*i* 种粮食作物单产，单位：吨 / 公顷；

M——粮食作物播种的总面积，单位：公顷；

n——粮食种类。

采用谢高地等人修订的符合中国等发展中国家实际的生态系统服务价值当
量因子表[131]（见表 6-29）。由于谢高地等人制定的当量表中缺少园地这一项，
因此参考汪小平等人的研究成果[132]，将园地取值为森林与草地的平均值。

表 6-29　单位面积生态系统服务价值当量因子表

生态系统		供给服务			调节服务				支持服务			文化服务
一级分类	二级分类	食物生产	原料生产	水资源供给	气体调节	气候调节	净化环境	水文调节	土壤保持	维持养分循环	生物多样性	美学景观
农田	旱地	0.85	0.40	0.02	0.67	0.36	0.10	0.27	1.03	0.12	0.13	0.06
	水田	1.36	0.09	-2.63	1.11	0.57	0.17	2.27	0.01	0.19	0.21	0.09
草地	草原	0.10	0.14	0.08	0.51	1.34	0.44	0.98	0.62	0.05	0.56	0.25
	灌草丛	0.38	0.56	0.31	1.97	5.21	1.72	3.82	2.40	0.18	2.18	0.96
	草甸	0.22	0.33	0.18	1.14	3.02	1.00	2.21	1.39	0.11	1.27	0.56
森林	针叶	0.22	0.52	0.27	1.70	5.07	1.49	3.34	2.06	0.16	1.88	0.82
	针阔混交	0.31	0.71	0.37	2.35	7.03	1.99	3.51	2.86	0.22	2.60	1.14
	阔叶	0.29	0.66	0.34	2.17	6.50	1.93	4.74	2.65	0.20	2.41	1.06
	灌木	0.19	0.43	0.22	1.41	4.23	1.28	3.35	1.72	0.13	1.57	0.69

数据来源：谢高地，张彩霞，张昌顺，等 . 中国生态系统服务的价值［J］. 资源科学，
2015，37（9）：1740-1746.

据此编制耕地、园地、草地等土地资源单位面积生态系统服务价值量表，单位面积生态系统服务价值量计算公式为：

$$V_{ci} = e_i E \qquad (6.23)$$

式中：

V_{ci}——i 类生态系统单位面积生态系统价值当量，单位：元 / 公顷；

e_i——i 类生态系统单位面积生态系统价值当量因子；

E——单位面积农田生态系统每年自然粮食产量的经济价值，单位：元 / 公顷。

6.3　土地资源资产负债表编制

6.3.1　土地资源资产

土地资源可以从两个方面来理解。一是狭义的土地资源，它可以造福人们的生活居所，是一种自然材料和能源；二是广义的土地资源，是指这一过程所必需的、对人类生活有益的所有自然土地能源、材料、环境和条件。从广义上讲，它既包括物质土地资源，也包括相关的服务价值和环境。

在市场经济背景下，资本化过程必须从其资产具有有用、稀缺和明确产权的前提开始。财产归国家所有，各级相关单位代理资产使用权。在使用过程中，为了达到管理产权的目的，可以在一定期限内转让或签署财产使用权。

生活环境和生态系统被纳入土壤资源范围，当前土地资源包括土地资源的生态环境和经济属性，是人类在进行资产管理的实践中的重要组成部分。这一部分可能会带来一定的经济效益或对环境服务具有一定的意义。如果其损失超过一定限度，当然也会导致经济效益下降。土地资源资产应当明确所有权，而且可以在一段时间内带来经济利益或其他利益。

6.3.2　土地资源负债

1. 土地资源负债的含义和内容

土地资源的相关负债，主要包含了两个方面。一是在土地资源的开发利用中，造成的环境损害的负债；二是生态破坏的负债，参考王毅的研究成果[133]。环境损害的负债，主要是指核算期内，人们在土地资源开发利用过程中的土壤污染、水土保持、农业土壤肥力改良、灾害治理、土地整治、矿山治理和违法建设用地治理等，如表 6-30 所示。生态破坏负债是指核算期内土地生态耗损量，核算生态用地转向非生态用地的价值损耗，如表 6-31 所示。

表 6-30　土地资源负债统计指标

时间：　　　　　　　　　　　　　　　　　　　　　　　　（单位：公顷）

统计指标名称		期初存量		本期增加		本期减少		期末存量	
		实物量	价值量	实物量	价值量	实物量	价值量	实物量	价值量
土壤污染	工业固废								
	生活垃圾								
水土保持									
农业土壤肥力改良	化肥使用量								
灾害治理									
土地整治									
矿山治理									
违法建设用地治理									

表 6-31 耕地资源生态损害价值量

耕地类型	占用方向							
	旱地		水田		水浇地		合计	
	实物量（公顷）	价值量（万元）	实物量（公顷）	价值量（万元）	实物量（公顷）	价值量（万元）	实物量（公顷）	价值量（万元）
期初存量	工业固废							
变更为交通用地	生活垃圾							
变更为住宅用地								
变更为其他建设用地	化肥使用量							
期末存量								

2. 负债数据采集

为核算土地资源负债，要收集农业生产过程中农药使用量、化肥施用量数据。化肥价格数据采集自惠农网，以此核算土壤污染负债、农业土壤肥力改良支出。

可从水土保持信息网（http://www.cswci.com.cn）或者当地政府水利主管部门官网，如福州市水利局官网（http://slj.fuzhou.gov.cn），采集《水土保持项目拟补助计划表》，整理水土保持综合治理费用。

国土整治、地质灾害防治等国土资源事务财政支出数据采集自政府网站《本级一般公共预算支出决算功能分类明细表》。

同时采集土壤治理、水土保持、农药化肥施用量、与污染物排放相关的土地负债成本资料。

农业生产化肥施用量及价格，如表 6-32 所示。

表 6-32　农业生产主要物质消耗

时间：

项目	施用量（吨）	价格（元）
农用化肥施用量（折纯）		—
氮肥		
磷肥		
钾肥		
复合肥		

农业生产农药施用量，如表 6-33 所示。

表 6-33　农业生产主要物质消耗

时间：

项目	施用量（吨）	价格（万元）
农药		

水土保持项目拟补助计划，如表 6-34 所示。

表 6-34　水土保持项目拟补助计划表

时间：　　　　　　　　　　　　　　　　　　　　　　（单位：万元，亩）

序号	项目名称	实施地点	总投资	计划补助	计划综合治理面积
1					
2					
3					
……					
小计					

国土资源事务支出决算，如表 6-35 所示。

表 6-35　国土资源事务支出决算

时间：　　　　　　　　　　　　　　　　　　　　　　　　　　　　（单位：万元）

序号	项目名称	决算金额
1		
2		
3		
……		

6.3.3　土地资源权益

土地资源权益可分为两大类，即经济权益和生态权益[134]。针对相同性质用途的土地资源，优先划归为生态权益，满足该项权益后的溢出部分才划归为经济权益。若其生态权益无法被填满，即其资产数额未能达到生态权益的标准，则该土地资源的权益均划归至生态权益之下。

6.3.4　土地资源资产负债表编制

徐子蒙等在借鉴会计学相关理论的基础上，研究提出自然资源资产负债表的目标、假设、定义以及报表要素、内容、结构和编制方法，并以土地资源为例，尝试设计了自然资源资产负债表体系[59]。

土地资源资产负债表主要包括土地资源资产、土地资源负债和土地资源所有者权益（净资产）三个部分。在"土地资源资产"一栏下，对土地资源的经济价值、社会价值和生态价值进行分类，并对其进行分类核算，在最后进行综合。在"负债类"项目下，有"土地环境损害"和"土地生态破坏"两个条目。最终，用逻辑等式"土地资源净资产（所有者权益）= 土地资源资产 – 土地资源负债"，将资产与负债的核算结果填入土地净资产（所有者权益）栏中，如表 6-36 所示。

表6-36 土地资源资产负债表

时间： （单位：元）

土地资源资产	期末余额	期初余额	土地资源负债与所有者权益	期末余额	期初余额
一、经济价值			一、土地资源负债		
（一）耕地			（一）土地损害		
（二）园地			1. 水土保持治理		
（三）林地			2. 农业土壤肥力改良		
（四）草地			3. 灾害治理		
（五）商服用地			4. 其他		
（六）工矿仓储用地			（二）生态破坏		
（七）住宅用地			1. 耕地、草地、园地生态破坏		
（八）公共管理与公共服务用地			2. 建设用地生态破坏		
（九）特殊用地			3. 其他		
（十）交通运输用地			（三）其他负债		
（十一）水域及水利设施用地					
（十二）其他用地					
二、社会价值			二、土地资源所有者权益		
三、生态价值					
（一）供给服务					
（二）调节服务					
（三）支持服务					
（四）文化服务					
土地资源资产总计			土地资源负债与所有者权益总计		

第 7 章　矿产资源资产负债表

　　矿产资源不仅是极为重要的自然资源，也是确保社会经济发展可持续的物质条件，还是国土空间用途管制和生态保护修复职责的重要载体。矿产资源是不可再生资源，具备负外部性。为了建设和实践生态文明，以有机和协调的方式实现经济增长、社会发展和资源利用的可持续发展，需要将矿产资源纳入生态文明建设范围，为生态文明建设和自然资源可持续利用提供重要的理论依据和评价标准。我国社会经济的快速发展离不开对矿产资源的开发，但与此同时，我国生态环境的破坏也与矿产资源的开发密切相关。我国要想科学地对矿产资源进行开发，编制矿产资源资产负债表具有重要意义。本书着眼于国内外现有的研究成果，尝试研究相应的矿产资源资产负债表的编制流程，助力我国矿产资源资产负债表编制的应用实践。

7.1　矿产资源实物量核算

7.1.1　矿产资源实物量核算的意义

　　不可再生性和有限性是矿产资源的典型特征[130]。自 20 世纪以来，矿产资源被人类社会逐渐开采，随着开采力度不断扩大，导致激化了矿产资源储量和社会需求之间的矛盾，并且随着人们的需求增加，这种矛盾变得越来越大。随着社会的不断发展进步，人们对矿产资源的需求日益增加，使得经济和社会发展不得不迎接这一矛盾扩大所带来的新问题。由于我国工业化水平较低，矿产资源的消费量逐年提高，相关的矿产资源核算制度的建立就显得迫在眉睫，它可以帮助我们限制资源消耗速度，有效提高资源利用率。

我国矿产资源开发水平低，起步晚，发展较慢。我国矿产资源仅有 30% 的总回收率，而同期美国和日本等发达国家则拥有 66% ~ 92% 的总回收率，这个数据相差是巨大的，我国的总回收率仅为美国和日本等发达国家的 1/3~1/2[135]。这意味着，我国想要通过运用矿产资源这一要素来给国民收入创造收入时，将付出比美国和日本等发达国家多 1~2 倍的资源储量，这从经济效益和效率上来看是非常不划算的。倘若再算上冶炼损耗，我国的相关水平还要低得多。每一个年度中，大量可供广泛开采的矿产资源被浪费，资源无法得到充分利用，造成了效益的低下，每年可开采但得不到充分利用的工业固体废物资源价值已超过 250 亿元[135]。目前，我国每年因废钢、玻璃等废旧材料缺乏回收或回收不足造成的经济损失已达 250 亿 ~300 亿元[135]。矿产资源是自然资源的一个重要类别，编制矿产资源资产负债表的目的主要是把矿产资源资产的 "家底" 还有变化趋势弄清楚，健全能源消耗、环境损害和环境效益的生态文明绩效评估考评体系，通过矿产资源的有效控制和可持续性利用，给予信息支撑点、预测预警和决策分析。

7.1.2　矿产资源实物量核算内容

矿产资源核算是关于矿产资源的存量和流量的科学计量，同时还包括了对矿产资源价值的科学核算，它在整个国民经济核算体系中是一个不可或缺的重要部分。存量的核算、流量的核算是矿产资源核算的主要内容，实物形态的核算、价值形态的核算也被涵盖其中。在核算的过程中要求我们既要核算多类矿种，同时也要进行综合核算[130]。

价值核算是实物核算的前提要求，主要针对的是矿产资源资产（储量矿产）核算，通过矿产资源的分类和分级，确定核算的对象，并制定矿产资源的资产负债表[136]，通过"期初储量＋总增加量－总减少量＝期末存量"这一公式来反映总体上的关系。价值核算是利用矿产资源的价格来计算矿产资源资产的实物量[130]。

7.1.3 矿产资源实物量管理和核算的依据

1.《固体矿产资源/储量分类》

我国现行的《固体矿产资源／储量分类》国家标准（GB/T 17766-1999）于 1999 年颁布实施（以下简称分类标准）。分类标准结合 40 余年的矿产勘探与开采实践，参考联合国、美国等机构和国家的矿产资源分类法，为建立我国的矿产资源分类法奠定了基础。分类标准强化了矿产资源／储量的价值尺度，将矿产资源的可利用性评价作为划分矿产资源／储量的重要依据，完全改变了以往仅注重勘探程度，忽视矿产资源的经济价值等问题。同时，我国在制定分类原则、诠释基本概念等方面，努力与世界上主要市场经济国家的分类标准保持一致，并与 1997 年 2 月联合国发布的《联合国国际储量／资源分类框架》保持充分的兼容，将我国的矿产资源／储量分类与国际上的实践相结合。分类标准对各种类型的资源量进行了经济上的划分，并将其划分为经济上可利用的、可获得的、不安全的三种资源储量类型，与国际通行的做法相一致，从而推动中国资源量与国际接轨；矿产资源储量分级标准把矿产资源储量划分为基本储量、储量和资源量三种类型。"分类标准"对我国矿产资源开发利用的市场化机制和进一步扩大对外开放，产生广泛与深刻的影响。

2. 关于矿产资源储量的审批制度

我国现行矿产资源储量实行评审备案制度。对采矿建设和设计调查报告中提交的矿产资源储量、矿业权转让中涉及的矿产资源储备、发行股份所依据的矿产资源存量、新计算的矿产资源储量、矿山关闭地质报告中的重大变化进行审查和归档。矿产资源储量的审查和登记必须符合相关法律法规、规章和规范性文件规定的统一技术规范、标准和程序。

7.1.4 矿产资源实物量核算及其变动表

根据我国《固态矿产资源/储量分类》(GB/T 17766-1999)，并结合2020年实施的国家标准《固体矿产资源储量分类》(GB/T 17766-2020)，全部类型的资源储量都需要参加实物量计算，不仅计算期初和期末存量，还要体现当期的变化状况（见表7-1）。同时，还需要重视矿产资源质与量的变化，兼具静态数据存量和动态流量变化（见表7-2）。主要遵循的原则仍是"期末存量＝期初存量＋本期增加量－本期减少量"。

表 7-1 矿产资源资产实物量核算表

	能源矿产	金属矿产	非金属矿产	水气矿产
期初资源存量				
存量增加				
发现新资源				
重新调整				
重新分类				
增加合计				
存量减少				
资源消耗				
开采损失				
重新分类				
减少合计				
期末资源存量				

表 7-2　矿产资源资产实物量及变化表

存量	能源矿产		金属矿产		非金属矿产		水气矿产	
	期初	期末	期初	期末	期初	期末	期初	期末
期初资源存量								
资源消耗（损耗）								
开采损失								
合计								
未利用资源								
发现新资源								
期末资源存量								

7.2　矿产资源价值量核算

7.2.1　矿产资源资产价值

1. 矿产资源资产的价值组成

矿产资源之所以具有价值是因为它是可以被利用的，同时也是人类一般劳动的结果所带来的，价值凝结于其中。这里所说的人类一般劳动是指地质勘查劳动。综上所述，矿产资源是具有价值属性的。但是，人类在劳动中付出的多少并不能决定矿产资源的价值，其真正的价值是通过矿产资源本身的特点决定的，包括开发有用物质的数量、性质和难度，开发后的预期效益。此外，在每个阶段的矿产资源开发和开采过程中，周围的生态环境都会被影响甚至破坏，因此矿产资源价值的组成部分应当包括与矿产开发阶段相关的环境补偿。所以，矿产资源的价值包括三个方面，分别是自然价值、权益价值和环境价值[137]。

（1）矿产资源的自然价值

绝对价值和相对价值是矿产资源自然价值的组成部分，自然价值不同于绝对地租和阶差地租，它是一种原始价值，即在自然资源还未被开发前就本身所具备的价值。这部分的价值与人力的投入、开采的费用等没有关系，而取决于其本身的物质属性、地理条件、稀缺性，以及矿藏的经济价值。

（2）矿产资源的权益价值

矿业权价值、所有权价值、权益付出成本价值，以及地质勘查劳动价值等构成了矿产资源的权益价值[137]。

（3）矿产资源的环境价值

矿山开采与利用的程序复杂而又巨大，必然会给周围的生态系统带来严重的生态问题，如滑坡、河流重金属超标、沙尘暴等。为此，为了抑制矿业的发展对环境的影响，政府必须向矿业公司收缴相应的环保金，以防止开发商的无序发展和破坏。这种环境赔偿成本所带来的经济效益被称为环境价值。

2. 矿产资源资产价值化管理

对矿产资源进行增值经营，必须从物权管理目标入手，建立和健全资源空间、时间、资源分配、各利益相关者利用资源进行价值调整的体制与机制。比如，可以在一定时期内，按照国家的矿产资源实际情况，制定和实施矿产资源的勘查与开发策略，实现矿产资源的合理分配，保证资源持续、稳定、安全地供应。为了有效地促进资源的勘探与利用，必须对矿产的开采技术与经济战略进行调整。为了使各种资源的所有权人之间的利益协调，必须持续地完善矿产资源税收制度。特别是要重视适当分配矿产资源税的税收收入，资源丰富的地区应得到更充足的价值分配。

3. 矿产资源价值的影响因素

从价值论的社会必要劳动的观点来分析，对矿产资源的长远供需关系，是决定整个矿产资源价值和变动的最重要的社会经济要素。其主要内容有资源稀缺程度、替代资源状况、社会需求构成等。如果可开采的资源数量稀少，而可利用的可开采性能源的成本较高，则其整体的经济价值也会随之提高。我国的社会消费格局和经济发展水平对各种矿产资源的需求量有很大的影响，从而在一定程度上决定了我国的矿产资源紧缺状况。技术要素对矿产资源的开发和利用有很大的促进作用，同时也会使得开采成本的消耗得到一定程度的缓解。

影响矿产资源价值和差别的主要原因有两个：一是资源质量决定了矿产品的价格水平，决定了矿产品的加工利用效率，从而决定了矿产品的价格高低。二是资源条件是影响矿产资源成本的主要因素。

7.2.2 矿产资源资产价值核算内容

依据勘探开发阶段、经济技术可采程度等因素，对矿产资源划分储量类型，如预测资源量、控制储量和已探明储量。在进行矿产资源的价值计算时，要对各类储量的价值进行单独的评估和计算。

由于对矿产资源的认知和对资源状况的了解，以及对各种勘查、开采顺序上各种因素的了解之间存在的差异，对其价值评价准确度也是不同的。但是，评估的方式与模式原则相同，只是在评估过程中对费用、资源状况评估和各个要素的影响程度等方面存在差异。从地质调查数据和矿床学说中得到的未经过验证的储量，只能作为勘探的参考，其价值评估困难，实际应用不多，因此一般不做核算。

矿产资源价值核算，要按照国民经济核算和经济管理的要求，从多个方面来进行核算处理。除了对社会拥有者的价值核算之外，它还包括以下几方面。

1. 矿产资源的总社会价值

矿产资源的总社会价值是指在整个矿藏中，矿产资源的产出同某一特定的矿产品价格的总和。

2. 社会净价值

社会净价值是指在整个社会范围内，矿产资源的社会价值，扣除以后的所有勘探、开发费用，其中包含矿山资源资产价值、社会所有者资源价值以及政府税收收益等。

3. 储量（现值）价值

储量（现值）价值是指从矿产资源的社会净值中扣除税金、矿租费后所得的一种可供使用的资产价值。

4. 资源资产的成本

资源资产的成本是指根据勘探和开采项目的实际投入计算出的资源资产价值，不包含政府的前期工作。储量的现值与其成本的比率是反映矿产资源勘查和开发投入效率的一个关键指标。

5. 国家矿产税

国家矿产税，指的是国家对采矿权人征收的税收。国家矿产税是实施矿产资源有偿开采制度的基本形式之一，是针对自然资源的税种，如资源税、环保税费收入等。

由于价值序列不同，不同的矿藏类型具有不同的社会经济意义。例如，当年可开采储量的价值是当年可实现和使用的价值，它能够影响到当代人的利益；而控制储量的价值，则需要通过在今后的勘探和开发中进行投资，才能真正实现；探明储量指经过详细勘探查明，在预期的当地经济条件下，可用现有技术开采的矿产储量。它是探明储量作为矿山企业规划设计、制定国民经济计划、合理规划工农业布局的重要依据之一，故探明储量的确定是价值核算的核心内容。

7.2.3 矿产资源资产价值计量

矿产资源资产价值主要计量直接经济价值。根据研究，我国采用资源和产业分别管理的体制，因此要区别对待储量资产价值和矿业权资产价值[135]。在所有权和使用权分离的基础上，矿产资源资产价值通过两个环节来实现：一是矿业权有偿取得价值；二是矿产资源有偿使用价值，即矿产资源资产价值＝矿业权有偿取得价值＋矿产资源有偿使用价值。其中，矿业权资产价值由矿业权出让收益额来度量，目前，矿业权资产价值主要通过矿业权有偿取得制度来体现，依靠矿产资源使用权与人力资本和智力投入（地质专业知识与技术）结合创造出的。矿产资源有偿使用价值是产业价值，通过矿产资源（采矿权）与人力资本、技术、资金和设备、厂房等固定资产结合来实现。实践中用矿种的工业总产值来代表，实质是把国家所有的矿产资源投入企业并委托其经营，作为原材料消耗补偿和分享收益的价格来表现。

7.2.4 矿产资源资产价值核算方法

对矿产资源的资产进行价值核算，不仅要站在国家宏观调控的立场上，还要估计其实际数量和价值，才能为国家的总体战略制定提供依据。同时，对存量和流量进行核算是矿产资源资产价值核算的内在要求。矿物资源资产价值核算的主要对象是在现有的技术操作下，可开采利用的已探明矿物资源量，并基于明确的产权，已经占用的储量、可利用储量和备用储量。

矿藏的价值与其所处的位置、存在的条件、数量、质量、市场需求等有关。所以，它的价值不能单独用一种方式来计算。因此，必须运用地质、矿产、经济、会计、财务等多种方法，对矿产资源的各种指标进行定量，并对其进行评价与估算，最终实现对矿产资源的综合评价[137]。矿产资源的通用核算模型在下文呈现。

1. 净现值法

（1）基于资源租金的净现值法

为了能够对矿产资源存量的价值进行核算，一定要对矿产资源开展恰当的评估。针对生产经营性矿产资源（能够直接进入销售市场售卖的资源），资源计价与一般商品计价并没有不同之处[138]。针对非生产性矿产资源，必须选用矿产资源存量评价方法。

参考王广成等人的研究，用市场价值法来估算没有直接市场价格的非生产性资产，而测算其未来现金回报的折现价值就是测度其当前价值的方法之一，如公式 7.1 所示[139]。

$$P = \sum NPV_t = \sum \frac{RR_t}{(1+i)^t} \quad\quad (7.1)$$

式中：

P——价格；

NPV——不同年份的净现值；

RR_t——各年度的资源租金；

i——贴现率（贴现率 i 可以利用当前核算期的市场利率）[138]。

其中，年资源租金公式[137] ＝年资源租金－年度营业盈余－生产资产的使用者成本－投资正常回报。

营业盈余＝营业收入－经营成本－税金及附加＋开采专项补贴＋开采专项税收。

生产资产的使用者成本＝固定资产折旧＋维简费（其中，固定资产折旧数据来源于矿山企业《固定资产及折旧计算汇总表》；维简费数据来源于矿山企业《固定资产及折旧计算汇总表》）。

投资正常回报＝投资总额 × 投资回报率。投资总额数据来源于矿山企业资产负债表。投资回报率取值范围一般为 6.0% ～ 7.5%，其中，包括无风险报酬率和风险报酬率。无风险报酬率一般采用当期国债利率，风险报酬率采用"风险累加法"估算。以"风险累加法"将风险报酬率累计，计算公式为风险报酬率＝行业风险报酬率＋财务经营风险报酬率，其中，行业风险是由行业性市场特点、投资特点、开发特点等因素造成的不确定性带来的风险；财务经营风险包括产生于企业外部而影响财务状况的财务风险和产生于企业内部的经营风险两个方面。

（2）折现现金流量法

参考李小慧等人与刘利的研究，其公式如下所示[137][140]。

$$V_t = \sum_{t=1}^{n}(CI - CO)_t \times \frac{1}{(1+r)^t} \qquad (7.2)$$

式中：

V_t——在 t 时段的资产价值；

t——年序号（t=1，2，3，…，n），n 为矿山剩余服务年限；

CI——年现金流入量；

CO——年现金流出量；

（$CI-CO$）$_t$——年净现金流量。

年现金流入量（CI）＝销售收入＋回收流动资金＋回收固定资产净残（余）值＋回收抵扣进项增值税＋开采专项补贴。

年现金流出量（CO）＝经营成本＋固定资产投资＋无形资产投资（含土地使用权）＋其他资产投资＋更新改造资金＋其他费用＋税金及附加＋企业所得税。

2. 基准价核算法

矿业权出让收益的市场基准价，是以资源储量、矿产品的相关价格、开采难度系数、开采技术标准、交通运输条件、地域差异等为基础，在一段时期之内，确定的不同地方、不同矿种的矿业权基准价格[137]。它包括探矿权出让收益基准价和采矿权出让收益基准价，涉及调查、详查、勘查、开采等各个所有权，不同资源特征的矿业权。

7.3　矿产资源资产负债表编制

7.3.1　矿产资源资产

1. 矿产资源资产的含义

从前矿产资源作为公共资源，消耗比较严重，后来伴随着其稀缺性的不断提升以及社会产权观念的提高，矿产资源的资产属性越来越明显。传统式会计对资产的定义是指企业过去的交易或事项所形成的，由企业拥有或控制，并预期给企业产生经济发展利益的资源[138]。可以看出，资产首先要有明确的财产权益主体；其次才是期待给主体产生经济发展利益。依此类推，在矿产资源中，国家是矿产资源的唯一使用者，并拥有绝对的控制权，政府机构和矿山开采企业在矿产资源的实际生产运营中分别代表国家所有权委托代理人与使用者的身份，拥有所有权、转让权和收益权。因此，从实际来看，国家、政府与企业共同构成了矿产资源的产权主体和利益主体。

2. 矿产资源的特殊性

尽管矿产资源是自然资源的一个组成部分，但是其具有不同于其他自然资源的独特之处，若想要更加科学有效地开采利用矿产资源，必须先正确认识矿产资源的特殊性[141]。

（1）数量的有限性

矿产资源的储量是有限的，这是其作为可消耗资源最重要的特征。具体通过以下三点来体现其有限性：第一，有些矿物虽然数量庞大，但能够被人类开发的数量并不多。第二，与其他生产性和生活性材料相比，矿物的储量虽小，却在人类的发展过程中起着关键作用。第三，就当前的科技而言，人们能够开发出的矿物资源不足。科技的进步将不断推动我国对矿产资源的开发与利用，所以，要对我国的矿产资源进行系统的、科学的开发与利用。

（2）资源的综合性

在矿物类型多样的情况下，单种矿物所占比例较小，多数为多种矿物组合共生。有些类型是有较高经济意义的，必须加以合理地开发和利用。就拿金刚石来说，随着新能源电池的快速发展，金刚石的需求量越来越大，金刚石的产量也越来越高，但是金刚石的开采，却要连同铜矿开采一并发生，因此必须提高利用效率。

（3）赋存形态的隐蔽性

由于大部分的矿床均埋于地下较深的地方，因此，对其进行勘查和开采，往往要耗费大量的人力、物力和资金。同时，矿山也存在很大的开采和利用风险。近年来，煤矿安全事件在世界各地频繁发生，这就对煤矿开采中的安全风险评价、控制与实施等方面的工作提出了更高的需求。

3. 矿产资源的资产属性

《中华人民共和国矿产资源法》第三条明确规定："矿产资源属于国家所有，由国务院行使国家对矿产资源的所有权。地表或者地下的矿产资源的国家所有权，不因其所依附的土地的所有权或者使用权的不同而改变。"[141]

企业可以对矿产资源进行加工整理，将其转化成更有价值的矿产品，并在市场上进行交易，获取更多的经济利益。这些利益的一部分是按照法律规定以矿业税费的方式上缴的，这说明了矿物资源也能为政府创造经济效益。

通过分析可以看出，矿物资源所具备的资产属性，是一种与矿物资源相关的资产，它是所有权资产，储量资产，归属于国家的资产[141]；而矿物是一种以物质形式存在的物质，它有一定的数量和质量。

4. 矿产资源资产的确认

矿产储量的资产属性在前文已有所提及。矿产资源的储量应当列入国家资产负债表中，并在国家管控的基础上进行综合管理。

7.3.2 矿产资源资产表

1. 油气矿产资源资产表

参照全国油气田分类，每个类型选择若干"标准油气田"，收集销售收入、成本、税费等资料，测算"标准油气田"的油气资源资产单价，通过数学统计调整形成油气的清查价格，再乘以剩余经济可采储量得到价值量。其中，"标准油气田"为测算油气资源资产清查价格，按油气种类分油气田，对油气田内生产企业相关数据进行统计，模拟出代表油气田平均价格水平的油气田，如表7-3所示。

表7-3 油气矿产资源资产表

填报单位：

指标名称	行次	剩余经济可采储量		价格		金额	
		期初	期末	期初	期末	期初	期末
栏次	—	1	2	3	4	5	6
石油	01						
天然气	02						
页岩气	03						
煤层气	04						

数据来源：石油和天然气储量数据来自石油天然气储量统计业务系统，价格数据参考全民所有自然资源资产清查价格体系，分类参考《油气矿产资源储量分类》（GB/T 19492-2020）。

2. 固体矿产资源资产表

分矿种选择"标准矿山"，收集销售收入、成本、税费等资料，测算"标准矿山"的矿产资源资产单价，通过系数调整形成各矿种的清查价格，再乘以各矿种的储量得到价值量。最后，将各矿种的价值估算结果汇总形成矿产资源资产总价值。其中，"标准矿山"为测算矿产资源资产清查价格，按矿种分矿区，对矿区内生产矿山相关数据进行统计，模拟出代表矿区平均价格水平的矿山，如表7-4所示。

表7-4 固体矿产资源资产表

填报单位：

名称	行次	推断资源量		控制资源量		探明资源量		证实储量		可信储量		价格		金额	
		期初	期末	期初	期末	期初	期末	期初	期末	期初	期末	期初	期末	期初	期末
栏次	—	1	2	3	4	5	6	7	8	9	10	11	12	13	14
煤炭	01														
铁矿	02														
铬铁矿	03														
铜矿	04														
铝土矿	05														
镍矿	06														
钴矿	07														
钨矿	08														
锡矿	09														
钼矿	10														
锑矿	11														
金矿	12														
锂矿	13														
锆矿	14														
萤石	15														
磷矿	16														
钾盐	17														
石墨	18														
其他	19														

数据来源：固体矿产资源探明资源量及储量数据来自固体矿产储量统计业务系统，表中分类参考《固体矿产资源储量分类》（GB/T 17766-2020），矿业权出让收益、矿山地质环境恢复治理支出数据来源于财政、自然资源主管部门统计台账。

3. 矿产资源资产分类总表

资产确认和计量是基础性工作。我国实行矿产资源有偿使用制度和矿业权有偿取得制度，分别对应有形资产和无形资产两类资产。有形资产指储量资产，包括 4 大类、173 种资源的探明储量，是所有者的财富；无形资产是矿业权资产，包括探矿权（勘查许可证）和采矿权（采矿许可证）两种用益物权，是有形资产的载体、使用者的权利。矿产资源资产分类总表，如表 7-5 所示。

表 7-5　矿产资源资产分类总表

资产类别	期初存量		期末存量		变化量	
	实物量	价值量	实物量	价值量	实物量	价值量
储量资产 能源矿产 金属矿产 非金属矿产 水气矿产						
矿业权资产 探矿权资产 采矿权资产						
合计						

7.3.3　矿产资源负债

现阶段，学术界对自然资源负债的定义仍存在很大异议。不但对其内涵的见解没有达成一致，一些学者更不建议将自然资源负债列入自然资源资产负债表[142][143]。本书认为，设定自然资源负债，尤其是矿产资源负债，可以在矿产资源资产负债表中集中体现自然环境和生态成本费，以此来对其进行合理的界定，从而保障后代利益，防止矿产资源被滥用。人们在勘察、开发、开采矿产资源经济活动上对生态环境造成的破坏，实际上是对人们子孙后代所具有的矿产资源所有权的干预。也就是说，子孙后代与大自然同是"债权人"，现当今社会的人们有责任修复受到破坏的生态环境，即通过支付相关费用来"偿还"。因此，矿产资源负债就是指矿产资源所有权行为主体需承担的现阶段的服务承诺，即预防矿产资源活动导致的污染，同时修复生态环境。矿产资源负债需要满足三个特征：一是矿产资源负债是由政府承担的由于矿产资源开采造成的资源损耗、环境污染、生态破坏等问题的现时义务；二是矿产资源负债是由于过去对矿产资源进行开采造成的；三是矿产资源负债会导致利益的流失，这个利益不只包括经济利益，还包括生态系统、自然环境方面的利益。与此同时，对矿产资源负债的确认还需要保证可以通过货币进行计量。因此，矿产资源负债的核算包括资源损耗、环境污染及生态破坏三部分。

7.3.4 矿产资源净资产

矿产资源净资产与传统资产负债表中的权益因素一致，是矿产资源资产减去矿产资源负债后，剩下的矿产资源所有者权益。矿产资源净资产为资产减去债务的净值。通过比较不同时期的净值，能够评估矿产资源的开发运用是否满足可持续的发展。

7.3.5 矿产资源负债及净资产变动表

负债的确认与计量是管理的重点与难点。矿产开发与生态环境是一个整体，矿产资源的损耗和负外部性会造成负债的产生，而产权与使用权的分离又使得负债只能被使用权人拥有并承载。负债包括所有者负债和生态负债两种，具体表现为使用权人对所有者补偿和生态损害治理两种形式。因为我国采取的是"边开采、边补偿、边治理"同时进行的方法，所以在资产负债表上的负债是一种应付未付的债务，也就是还没有被履行的支付责任和义务。

所有者负债是对全民所有的矿产资源使用的耗竭性补偿，表现为矿产资源消耗效率。从理论上讲，可以通过对资源的租赁来确定；具体来说，可以通过矿业权占用费、资源税等手段对生态债务进行度量，也就是对生态环境

"借用"的程度，主要体现在对地质环境的破坏和对生态服务的消耗，对土地、植被、水资源的破坏，以及对生态服务消耗（饮水、噪声、空气质量、气候）的破坏。按照责任和义务的承担方式，负债可以被划分为两种类型，一是直接负债；二是间接负债。可以确认和计量的直接负债，如对矿产资源的消耗；间接负债虽然是可确认的，但是并不容易进行计量，以生态服务功能损耗为主。

土地、植被、水资源循环损害可以用矿山环境治理恢复基金来衡量，但是对生态服务消耗的测量并没有具体的体系和标准，因此可以使用直接市场法、替代市场法以及消费者支付意愿法对直接价值进行评估。

净资产的确认与计量是重点，既体现了收入与支出，又体现了结构的转变。净资产是指资产减去负债后的剩余部分，是指总资产减去补偿、"复绿"后的净收益，具有一定的经济价值，是所有权人与使用人的共有财产。在矿产资源资产的权益中，主要有两种形式，即国家权益和法人权益。国家权益指的是矿产资源的国家所有权以及国家出资勘查探明矿产所享有的权益，法人权益指的是法人单位自行投资勘查、开采矿产资源、矿山地质环境保护与土地复垦所享有的权益（见表 7-6）。

表 7-6　矿产资源负债及净资产变动表

类别	本期增加		本期减少		变化量	
	实物量	价值量	实物量	价值量	实物量	价值量
（一）所有者负债 　1. 矿产资源消耗效率						
（二）环境负债 　1. 环境破坏 　2. 生态服务消耗						
（三）净资产 　1. 国家权益 　2. 法人权益						
合计						

7.3.6 矿产资源资产负债表编制

矿产资源资产负债表是生态文明建设的必然产物，资产负债表的编制与使用，既是生态文明的选择，也是科学管理的必然。其采用账户式的表式结构（见表7-7），突出目标双重性。左侧列示资产形态，反映资产赋存和分布状态；右侧列示资产产权关系，反映资产使用、权责划分及结果。国家产权关系（所有属性）、企业资产形态（使用属性）和生态环境（环境属性）通过资产负债表实现了对立统一。

矿产资源资产负债表反映特定时点资产、负债及净资产的实物量和价值量存量状态，属于静态报表（存量表），平衡关系为"资产 = 负债 + 净资产"。资产及负债变动表反映一定期间内资产、负债及净资产的变动情况，属于动态报表（流量表），平衡关系为"本期增加 − 本期减少 = 本期变动（净变化）"。资产及负债变动表是补充报表，通过"期初存量 + 本期变动量 = 期末存量"的关系与矿产资源资产负债表相衔接。

表7-7 矿产资源资产负债表

矿产资源资产	期初余额		期末余额		矿产资源负债与权益	期初余额	期末余额
	实物量	价值量	实物量	价值量			
一、储量资产 　1.能源矿产 　2.金属矿产 　3.非金属矿产 　4.水气矿产					一、所有者负债 　1.资源消耗		
二、矿业权资产 　1.探矿权资产 　2.采矿权资产					二、环境负债 　1.环境破坏 　2.生态服务消耗		
					三、净资产 　1.国家权益 　2.法人权益		
矿产资源资产合计					矿产资源负债与权益合计		

第8章　自然资源资产价值应用研究

8.1　领导干部自然资源离任审计

自然资源是人类社会生产活动的物质基础，具有广泛性、公共性特征，这意味着它并非被某一个独立的个体或群体所特有，而是所有公民平等地享有。而政府是公共行政管理部门，理应承担起管理与分配自然资源的责任，避免资源的过度损耗。与此同时，政府对资源的管理行为理应接受人民的监督，以有效约束政府领导干部资源环境领域的不作为、乱作为，避免资源的无效开发和低效利用。

作为社会生产不可或缺的要素，自然资源在满足了人们生产生活需求的同时，也为社会经济的持续发展和人类文明的长远进步做出了积极贡献。然而，随着现代工业的迅猛发展，自然资源也因落后的生产方式及无节制开采，面临能源危机的困境，生态环境也因废渣等污染物的排放而遭受破坏，粗放型的发展模式引发了一连串后果，如全球变暖、水体污染、资源总量骤降、极端天气。大自然的反噬成为现代社会发展面临的重大挑战，这种建立在能源损耗和环境破坏基础上的粗放型发展模式，既不利于社会经济的持续发展，也威胁到人类的生命财产安全，资源环境保护刻不容缓。

2013 年，《中共中央关于全面深化改革若干重大问题的决定》明确提出，各地方政府要逐步建立完善生态文明制度体系，切实通过制度建立和实施来加强地区生态环境的保护，同时明确提出领导干部在离任时要接受自然资源资产离任审计。我国还针对环境污染问题建立了专门的问责机制，要求审计机关要围绕生态文明建设创新开展审计工作。2015年，审计机关开始在国内多个地区试点自然资源资产离任审计并及时总结有关审计经验。2017年，我国出台《领导干部自然资源资产离任审计规定》，领导干部自然资源资产离任审计将不再处于试点阶段，而是全面实施。从2018年起，对于自然资源资产领导干部的离任审计工作结束试点，正式在全国范围内开展，各个省、区、直辖市积极响应，投入到对领导干部自然资源资产离任审计的工作当中。

领导干部自然资源资产离任审计，是我国自然资源资产管理和生态环境保护与治理制度体系的核心构成[144]，并且也是构建领导干部政绩考核制度的详细内容，在增强领导干部环保责任感，推动经济和环境协调发展等方面发挥重要作用。开展自然资源资产离任审计，既能够进一步完善现有的领导干部政绩考核机制，也是推动生态文明建设的有力举措。利用规范化的审计程序来确保领导干部更好履行自然生态保护责任，同时也为审计机关参与到生态污染防范与治理中提供了有效法律依据和工作平台，自然资源资产离任审计的实施标志着我国审计事业进入了新的发展阶段。

领导干部自然资源资产离任审计能够从自然环境质量、环境污染治理效率等多方面着手[145]，对领导干部在任职期间的自然生态保护履职情况进行客观评价；能够及时查找出当地存在的生态环保风险和自然资源资产管理短板，同时还能够全方位揭示区域内重大污染或资源浪费问题，以及环境治理和资源利用方面的短板。这一审计体系的构建能够督促各地领导干部加强对自然资源资产的管理[146]，主动将绿色发展理念落实到地方治理中，从而能够更好地推动各地自然资源资产的合理配置利用，通过审计手段来推动地区的生态环境保护。

8.1.1　森林资源资产离任审计

森林资源资产离任审计的具体内容应包括以下几项。

1. 森林资源资产的现状和变化

需要清晰地了解被审计的领导干部任职前后所在地区森林、树木和其他资源数量与质量的总体变化。

2. 领导干部使用森林资源的相关问题

确定领导干部在任职期间管理的森林权利的范围，并审查各地区森林资源的开发和利用情况，包括森林采伐、森林动植物开发和森林旅游，核对这些森林资源使用行为是否已上报林业部门登记，考察已开发的森林资源是否得到适当规划，森林的开采面积是否受到严格限制，天然林是否受到保护等。

3. 森林资源资产资金的使用

审查领导干部在开发和利用森林资源的过程中是否将资源成本降至最低，是否产生了经济效益，以及经济效益是否合理，投入开发森林资源的资金是否达到预期保护的目的，修复受损森林资源的项目资金是否落实。

8.1.2　水资源资产离任审计

对领导干部水资源资产的离任审计主要是审查领导干部是否履行了水资源资产开发、利用、节约、保护、管理和防治水害等应尽的责任。具体内容包括以下几项。

1. 基本信息

（1）区域概况

主要包括受审计地区的地理位置、面积、行政区域、人口、分布、地表水（如河流、水库、湖泊、湿地）的储存（流量）、地下水分布、储量、水资源数量和质量的变化、水资源的管理和保护。

（2）主要领导干部所在地

掌握审计时间间隔，党委和政府主要领导的时间、分工和职责，以及涉及水资源和资产管理领导小组的临时机构的职务和职责。

2. 履行水资源管理和水环境保护责任

核实管理干部所在地区是否执行防治水污染行动计划，是否实施严格的水资源管理制度和其他重要的水资源政策和规定，是否有具体措施、规则、实施方法等；系统措施的内容是否符合国家规定和当地实际，是否建立了当地水资源管理、水污染预防、水资源养护和保护的评估体系，水资源开发利用计划、水环境保护计划、水砂矿计划、抗旱计划、防洪计划和农村饮用水项目计划是否已根据国家法律法规的规定制定和实施，制定的计划是否符合相关法律法规和国家规定的原则和要求，是否符合当地实际。

8.1.3 土地资源资产离任审计

土地资源资产的领导离任审计包括以下几方面。

1. 与土地资源资产相关的法规和政策的执行

在对离任管理人员的土地资源资产进行审查时，应重点关注与土地资源相关的法规政策的执行情况，包括与禁止使用的土地资源相关的政策。执行效果是否明显，是否存在与现实不符的地方，是否在基于实际问题的基础上严格执行限制性政策。

2. 与土地资源资产相关的重要决策问题

与土地资源资产相关的重要决策事项包括公共政策、与土地项目资金有关的制度等，不仅包括土地资源资产的批准、开发、管理和土地资源保护机制，还包括与土地资源资产有关的重大投资、资产剥离和其他工程项目以及生态建设机制。审计员应与被审计单位领导的工作部门、各相关临时机构负责人一起，查阅被审计单位管辖范围内党委和政府领导的决定、文件、会议记录和指示。

3. 土地资源目标责任的落实

从领导干部行为导向视角出发，土地资源目标责任所具体关注的是土地资源管理和保护所涉及的具体相关指标，以及上级政府分配给地方政府的指标和任务是否相关，并是否已得到有效实施。关注被审计单位任期内管辖区域内土地资源存量和质量变化的基本情况，以及上级政府和主管部门对土地资源的评估、检查结果和增加的处理方式，客观责任声明的签署和客观责任的履行，尤其要注意的是耕地数量是否减少等约束性指标。

8.1.4　矿产资源资产离任审计

矿产资源资产离任审计的目的是评估和验证受审计人员对环境、生态和矿产资源资产管理职责的遵守情况、经济性、效果性和环境性。在管理责任方面，对矿产资源资产负债进行准确的定义是矿产资源资产进行离任审计的先决条件。对领导干部矿产资源资产的深入审查应侧重于有效执行和完善矿产资源资产、矿产资源开发和开采、采矿权授权和转让、征收等环节，矿产资源相关资金的管理和使用以及矿产资源资产的环境保护等方面。蒿爽对领导干部矿产资源资产离任审计路径进行了研究，首先对榆林市的整体离任审计现状进行了调研，并突出了与经济审计相结合这一重要因素，同时重点关注了矿产资源审计中面临的难点[147]，即矿产资源信息收集和矿产资源价值评估。在审计过程中，要充分利用现代信息化技术，如地理信息技术、大数据技术等来提升审计效率。要构建矿产资源领导干部离任审计的评价体系，可从经济性、效果性、环境性 3 个角度中共选取 14 个指标（见表 8-1），并按照一定的权重进行分配，最后因地制宜地应用到当地矿产资源的离任审计中。

表 8-1 矿产资源资产离任审计评价指标体系

要素层	权重	指标层	各自权重	最终权重
经济性指标		矿业产值增长率 矿业产值占地区生产总值的比重 矿业投资占工业投资比重 矿业产值占工业产值比重 矿业利润占工业利润比重		
效果性指标		矿业就业贡献率 矿业企业人均工资水平 科教文卫事业投入比重 矿区所在地城镇化率 能源消耗程度		
环境性指标		废水处理率 废气处理率 固体废物处理率 节能环保支出比重		

8.2 自然资源资本化

自然资源如何在经济和社会领域中转化为自然资源资产？只有当它们能够为市场带来有关社会服务的利益，并且获得保护自然资源或可持续发展自然资源所需的经济成本时，才能转化为资本，从根本意义上真正实现自然资源保护同经济利益（获得一些有关自然资源的产品或服务等）之间的均衡。

8.2.1 自然资源资产化

自然资源能够为人们提供具有其自然特征的产品和服务，随着人们对自然资源要求的不断增加，给人们提供产品和服务的天然因素被列入了自然资源这个概念。自然资源能够转化为自然资源资产的重要原因是自然资源的稀缺性，这是导致自然资源所有者转变的主要因素。在原始状态下，自然资源归属于公共资源；伴随着生产活动环境变化，国家的控制权决定了分享资源的权利。当拥有明确所有权的自然资源能够为投资者带来利益时，投资者可以享受《自然资源法》规定的权利，自然资源即可成为自然资源资产。自然资源资产具备资产的一般特性，即具备潜在性的市场价值或商品的价值，这是使用者财产的一部分，满足了稀缺性和确立的使用权标准。自然资源资产体现出了一些能够把自然资源使用价值货币化的能力，为人们生产活动提供经济收益等经济特征。自然资源资本化是将自然资源转化为自然资源资产的过程，这种资产可以确保自然资源所有者的权益不受损害，并有效管理和保护自然资源。

8.2.2　自然资源资产资本化

自然资源资本是一种具有一定产权年限并能够实现价值增值的自然资源，主要包含资源总量、生态环境的自净能力、生态系统的应用价值及其对于未来能够产生应用价值的潜在资源。自然资源资本和自然资源资产不仅有差别，还有联系，自然资源资本是一种能够为将来带来流动性的资产，具备资本的一般属性，即增值性。自然资源资本根据商品流通完成了稳步增长。资本运行实现其价值的过程就是自然资源资产的资本化，当自然资源资产的结构和价值随着时间变化、交易和金融改革完成增值时，自然资源资产便成为自然资源资本。在自然资源资产项目投资的前提下，自然资源资本更加注重增值，这便体现出规模经济的价值与未来增值的空间。自然资源资本作为一种规模经济，在资本逐利性的操纵下，投资于一定的经济活动，并在生产过程中与其他规模经济紧密结合，制造出一定的商品，再通过在市场中售卖商品来获得价值或价钱，以此来实现其资本价值。有学者从会计专业的视角界定"资本化"，如沈振宇、朱学义从成本控制、资金渠道、将来会产生盈利等角度对资本化展开了深入分析[148]。各种各样有价值的东西通过市场经济体制充分呈现，并且产生盈利性、价值性与附加值的全过程，便是自然资源资产转化为自然资源资本的一个过程和趋势。自然资源的货币化构成了自然资源资产，这些资产凭借其收益转化为市场交换价值并产生预期收益。自然资源的资本化是指具有明确产权的自然资源资本化后，自然资源资产及其产权将进入货币市场，反映资本价值的所有权，实现生产要素的价值。

8.2.3 自然资源资本化的演化特征

自然资源经资产化形成自然资源资产，自然资源资产经资本化形成自然资源资本。"自然资源—自然资源资产—自然资源资本"的发展逻辑性要以明确的所有权为载体，以自然资源价值的量化评估为依托[149]。

1. 以界定明确产权为核心

自然资源的资本化要以很明确的产权界定为核心。假如使用权界限不确定，自然资源资产的总数就不确定，其价值就无法相对应量化分析。除此之外，还需要反映自然资源的稀缺和价值，确立自然资源支配权所注重的各种权益的专业知识产权界限，从而确立各主体行使权力的范围。

2. 发挥科技的作用

科技的应用将自然资源资产转化为生产要素，并把它集中化为自然资源产品和服务层面发挥着重要作用。怎样量化评估自然资源的价值，关系着自然资源承包权价值的明确，同时影响到了自然资源承包权价值可能产生的质押、入股投资等资产管理活动的有关问题。

3. 发展自然资源资本化

自然资源资本化的前提是明确产权，产权的整个过程具有一定的时效性，自然资源资本化产生自然资源资产。在产权进一步明确后，自然资源在交易和金融创新的资本化全过程中产生资产。

4. 具有空间并存性

自然资源资本化发展历程具有空间并存性。自然资源的资本化和资本化全过程并不是两条平行线，而是在空间上连接的。自然资源资本化要以自然资源为核心，自然资源资本化的基础是自然资源和自然资源资产的使用权。另外，产权的定价也会影响到自然资源的定价，二者也是有关联的。

5. 自然资源价值变动的内在机理

自然资源资本化的发展本质上是自然资源价值的改变，即"存在价值—使用价值—生产要素价值—互换价值"。自然资源的存在价值转化为自然资源资产的使用价值，自然资源资产的使用价值作为生产要素价值产生的一个因素包含在生产过程当中，生产要素的价值根据自然资源资产的实际运行全过程转化为自然资源商品，产生互换价值[150]，最终通过自然资源产品的市场买卖完成互换价值的货币化形式。上述一切关联的中断都会造成自然资源资本运营全过程的失败。

8.2.4　自然资源资本化的路径

自然资源资本化有各种方式，资本化路径如何分类，目前并没有一致的结果，并且难以精准定义自然资源资本化的行业路径。可以将营销工具分成六类：立即销售市场交易（如森林产品）、批准交易（如碳配额）、反方向竞拍（如山林招标会）、沿海地区种类协议书（如承包权交易）、受监管价格波动和自行价格信号（如森林认证和生态农场标识）。自然资源资本化路径的本质是"绿水青山就是金山银山"的转化路径，从自然资源的实际交易内容来看，自然资源的资本化路径可分为立即转化路径和间接性转化路径。立即转化路径是把自然资源利益转化为自然资源商品，通过立即交易来实现价值。间接性转化路径是通过优化自然资源理财规划、绿色产业组合和移植金融体系专用工具，完成自然资源资产的估值。

8.3 自然资源生态补偿

8.3.1 生态补偿概念界定

生态补偿，被国外专家和研究人员称为环境生态系统服务费（Payment for Environmental Services，简称 PES），已逐渐发展成为世界各国保护生态环境的重要手段和研究热点。然而，由于不同国家的经济发展和生态环境条件不同，国内外学者对生态补偿概念的界定仍存在差异。

环境生态系统服务费（PES）的概念主要来源于新古典经济理论。PES 最初指的是自然生态系统服务的商业化，即建立一个相对完整的自然资源贸易市场，并根据双方的实际需求设定自然资源的具体价格。这鼓励土地所有者以可持续的方式在市场上交易非活跃资源，从而有效减少人们的负外部性。然而，在发达国家，PES 项目的实施主要由相关政府部门进行，而在发展中国家，主要由国际援助组织进行。在项目开始时，必须提供大量外部资金支持；当资金链断裂时，便很难确定资源买家和卖家能否继续进行有序交易。这使得在 PES 项目实施过程中，难以建立一个具有相对完整系统和机制的自然资源交易市场[151]。此外，在更复杂的环境中，PES 项目仍将导致许多问题需要解决，如影响评估和信息不对称、高市场交易成本、产权定义不明确以及环境服务的量化更困难等[152]。

8.3.2 生态补偿的方法

由于自然资源生态补偿是针对自然资源开发和使用行为的外部不经济现象，具有宏观和微观性质，因此有两种方法：行政法和经济法，执行者是政府和企业。政府的管理方法包括生态补偿条例、污染排放标准和产品标准。政府的经济手段包括环境税和环境补贴。企业的管理方法包括环境管理认证和生态标签。企业的经济方法包括环境协议和污染支付。

环境税和补贴是环境与经济、市场机制和国家干预的结合。对政府来说，征收环境税意味着获得环境税的经济效益和更高的公共行政成本，采用环境援助意味着有清洁的财政成本和较低的公共行政成本，而困难之处在于确定税率和补贴标准。

环境协议和污染支付是基于自由经济和明确产权的方法。对于企业来说，这意味着资源分配和经济效益之间的平衡，其困难之处在于如何明确界定所有权。

8.3.3　森林资源生态补偿的制度创新研究

森林资源生态补偿的各项制度创新、政策建议必须体现公平，同时要有利于和谐社会的建设。要考虑林农的意愿，给予林农参与权，明确参与程序，制定参与办法。对于森林资源生态补偿，森林资源所有者（林农）必须有发言权，使他们有机会参与补偿标准制定。各个地方政府要扶持成立由林农代表组成的协会，负责反映林农的意愿，参与森林资源生态补偿制度的制定以及其他相关活动。为了防止森林资源保护引发的矛盾，需要设立森林资源生态补偿协调、仲裁机构，负责拟定协调、仲裁规则[153]，把和谐作为协调理念，把科学发展观作为协调原则，解决森林资源生态补偿问题和争议。建立森林资源生态补偿网站，为各种信息沟通服务。在森林资源保护和生态补偿实施前要举行利益相关者听证会，让林农充分发表意见，使林农利益表达有一定的载体；发布征求意见稿，接收各种反馈意见，有利于了解民意、汇集民智、凝聚民心，有效避免可能出现的社会矛盾；最后要建立社会媒体报道林农意愿的舆论引导机制。

1. 完善森林资源补偿标准制度

在我国，森林资源绿色生态补偿规章制度主要存在两个问题。一是补偿标准太低。现阶段中央财政国家级公益林补偿标准较低，低于它作为商品林能够创造的收入。因为补偿标准低，林果业产权年限权益难以实现，经济发展遭受损失。一些农户接受不了已有的补偿标准，陆续申请办理将生态公益林修复为商品林，这不仅不利于森林资源的维护，更不利于农村社会的和睦。二是补偿标准不合理。尽管《国家级公益林区划界定办法》将国家级公益林的保护等级分为两级，但《中央财政森林生态效益补偿基金管理办法》（财农〔2009〕381 号）对两个等级实施了同样的补偿标准，不能够反映出生态公益林意义的差别[154]。

有鉴于此，政府部门应规范森林资源绿色生态补偿质量标准体系，科学高效地开展森林资源保护与补偿。总体来看，要对不允许间伐和可选择性砍伐的森林资源进行更多补偿；推行森林资源绿色生态补偿资金管理规章制度，森林资源补偿资产理应立即分给经营人；提高补偿标准；推行归类补偿，不同品质的森林资源应有不同类型的补偿规范。

2. 增强保护森林资源意识，提高补偿标准支付意愿

森林资源也会产生生态效益，但是这种生态效益可能还需要很长一段时间才可以呈现。一部分群众对森林资源的认识不到位，森林资源维护意识淡薄，另外对森林资源补偿标准的付款意愿也比较低。因而，政府部门需要对受益者开展宣传和教育，普及森林资源生态效益专业知识，让受益者了解维护森林资源对个人产生的影响，提升受益者维护森林资源的观念。同时，应着力提升受益者对森林资源补偿标准的付款意愿。

3. 健全森林资源生态补偿的协调制度

制定森林资源生态补偿协调的实施方案，具体包括以下几方面。

（1）组织商讨会议

不同表现形式的生态补偿专项、专题会议要在领导的组织规划中被定期或不定期地召开，并通过在会议上的交流讨论，使得意见趋于一致，最终使问题得以迅速解决，提高效率。

（2）运用信息，交流思想，加强协商

通过协商来收集各种信息，并且在此基础上对各方所具备的条件进行合理的利用，如利用各方单位的工作人员，尤其是各个单位领导之间的思想交流，从而使得协商的进程更加顺利通畅；利用各方所具备的信息资源推进补偿实施方案的制定等。

（3）抓住主要矛盾

由于森林资源生态补偿牵扯的单位与人员众多，各方对于利益分配相关方面的认知水平差异等原因会产生各种矛盾，这便是当下所面临的主要矛盾。为此，应首先抓住主要矛盾，集中精力对相关问题进行解决。

创新森林资源生态补偿协调方式，积极寻找可以促使利益之间协调的路径，即推动和实现森林资源生态补偿利益均衡，通过党和政府的主导行为和社会的参与，通过均衡森林资源生态补偿不同利益相关者的利益关系，使得森林资源生态补偿资金分配达到相对均衡合理的状况，从而使得社会矛盾可以相对缓和，推动社会的稳定发展[155]。

要制定森林资源生态补偿协调措施，具体包括以下几项。

（1）建立检测、评估和信息意见反馈机制，充分发挥信息导向作用，为多方融合打下基础。开设专业网址、举报电话和电子邮箱，建立信息交流平台，搜集和反馈多方建议。

（2）要强化参加机制，尤其是让林权使用者参加绿色生态补偿机制的建立。山林使用者必须要有得到损害补偿的权力和保护森林资源的责任义务。

（3）建立协商机制。

（4）调查分析补偿主体、补偿客体、补偿规范、补偿方法、补偿范畴间的相互关系和相互作用。

（5）兼顾政府部门、补偿主体和补偿客体，尽可能地引导他们做出让步，解决矛盾。

（6）对于绿色生态补偿机制的运转有可能出现的一些问题，要建立沟通机制，妥善处理和解决这些问题。

参 考 文 献

［1］郭佳琳.赤峰市 S 区自然资源资产负债表编制与应用研究［D］.南宁：
广西财经学院，2022.

［2］封志明.摸清自然资源"家底"，服务离任审计［J］.时事报告,2016(1)：
32-33.

［3］张宝春，谢琼芳，叶子铭，等.自然资产账户制度体系框架的思考［C］//
中国环境科学学会.2016 中国环境科学学会学术年会论文集（第一卷）.北
京：中国环境出版社，2016：736-740.

［4］中共中央、国务院.中共中央　国务院印发《生态文明体制改革总体方
案》［EB/OL］.（2015-09-21）［2024-01-29］.https://www.gov.cn/gongbao/
content/2015/content_2941157.htm.

［5］范振林.关于自然资源资产负债表编制的思考［J］.中国矿业，2019，28
（S2）：24-27.

［6］丁晓娇.自然资源资产负债表编制研究［D］.济南：山东财经大学，
2017.

［7］任春晓.习近平"两条鱼论"：发展经济与保护环境的辩证法［J］.中共
宁波市委党校学报，2019，41（6）：38-45.

［8］李英，刘国强.新中国自然资源核算的新突破——十八届三中全会提出
编制自然资源资产负债表［J］.会计研究，2019(12)：12-21.

［9］张兴，姚震．新时代自然资源生态产品价值实现机制［J］.中国国土资源经济，2020，33（1）：62-69.

［10］崔海红，黄良杰．自然资源资产核算逻辑及其离任审计程序设计［J］.财会月刊，2023，44（10）：97-102.

［11］李雪敏．基于自然资源资产负债表编制目的的资产评估研究［D］.北京：中央财经大学，2020.

［12］胡婧博．要素禀赋优化对资源型省区发展的经济效应研究——以内蒙古为例［D］.吉林：延边大学，2020.

［13］吕芳茹．自然资源资产负债表编制框架及应用研究［D］.南京：南京农业大学，2017.

［14］刘畅．X 地区自然资源资产负债表编制及其运用研究［D］.镇江：江苏科技大学，2021.

［15］郭艳侠．低碳经济背景下我国钢铁企业的环境会计信息披露研究［D］.合肥：安徽大学，2015.

［16］袁广达．环境会计与管理路径研究（第1版）［M］.北京：经济科学出版社，2010：8-22.

［17］肖序，王玉，周志方．自然资源资产负债表编制框架研究［J］.会计之友，2015（19）：21-29.

［18］李金昌．资源价值研究中的一部力作——简评姜文来的《水资源价值论》［J］.资源科学，1998（5）：3.

［19］吴新民，潘根兴．自然资源价值的形成与评价方法浅议［J］.经济地理，2003（3）：323-326.

［20］唐本佑．论资源价值的构成理论［J］.中南财经政法大学学报，2004（2）：15-19.

［21］薄雪萍．国内外环境会计研究现状分析［J］.财会月刊，2004（16）：

52-53.

［22］蒲敏.浅议环境会计［J］.经济论坛，2006（21）：138-140.

［23］赵辰婷.我国能源行业上市公司环境会计信息披露探讨［D］.南昌：江西财经大学，2013.

［24］SCHALTEGGER S，BURRITT R L．Sustainability accounting for companies: catchphrase or decision support for business leaders?［J］. *Journal of World Business*，2010，45（4）：375-384.

［25］FREEDMAN M，JAGGI B．Global warming disclosures: impact of Kyoto Protocol across countries［J］. *Journal of International Financial Management and Accounting*，2010，22（1）：46-90.

［26］FROST G R. The introduction of mandatory environmental reporting guidelines: Australian evidence［J］. *Abacus*，2007，43（2）：190-216.

［27］BALL A．Environmental accounting as workplace activism［J］. *Critical Perspectives on Accounting*，2007，10（7）：759-778.

［28］赵海燕，张山.环境会计理论发展进程与研究展望［J］.财会月刊，2017（10）：106-110.

［29］PIGOU A C. A study in public finance［J］. *The Economic Journal*，1929（39）：78-83.

［30］BEBBINGTON J，LARRINAGA-GONZÁLEZ C. Carbon trading: accounting and reporting issues［J］. *European Accounting Review*，2008，17（4）：697-717.

［31］METE P，DICK C，MOERMAN L. Creating institutional meaning: accounting and taxation law perspectives of carbon permits［J］. *Critical Perspectives on Accounting*，2010，21（7）：619-630.

［32］蔡运龙.自然资源学原理［M］.北京：科学出版社，2000：9-21.

［33］董战峰，秦克玉，刘婧雅.国家重点生态功能区自然资源资产评估框架与方法研究［J］.生态经济，2022，38（3）：13-21.

［34］杜文鹏，闫慧敏，杨艳昭.自然资源资产负债表研究进展综述［J］.资源科学，2018，40（5）：875-887.

［35］胡咏君，谷树忠.自然资源资产研究态势及其分析［J］.资源科学，2018，40（6）：1095-1105.

［36］严金明，张东昇，夏方舟.自然资源资产管理：理论逻辑与改革导向［J］.中国土地科学，2019，33（4）：1-8.

［37］苏广实.自然资源价值及其评估方法研究［J］.学术论坛，2007（4）：77-80.

［38］刘成武，黄利民.资源科学概论［M］.北京：科学出版社，2004：12-19.

［39］叶艳妹，吴次芳.试论深化土地资源的资产化管理［J］.中国土地科学，1999，13（4）：27-30.

［40］李扬.基于SEEA体系的青岛市绿色GDP核算体系研究及应用［D］.青岛：青岛大学，2012.

［41］张少伟，左飞航，郭勇.自然资源资产负债表编制内容及核算方法［J］.地理空间信息，2022，20（6）：79-82.

［42］刘利.自然资源资产负债表编制的研究进展［J］.统计与决策，2022，38（12）：32-36.

［43］李丰杉，成思思，杨世忠.区域自然资源资产负债表编制研究［J］.经济与管理研究，2017，38（4）：124-132.

［44］姚霖，余振国.自然资源资产负债表基本理论问题管窥［J］.管理现代化，2015，35（2）：121-123.

［45］马永欢，陈丽萍，沈镭，等.自然资源资产管理的国际进展及主要建议

[J]. 国土资源情报，2014（12）：2-8.

［46］封志明，杨艳昭，陈玥. 国家资产负债表研究进展及其对自然资源资产负债表编制的启示［J］. 资源科学，2015，37（9）：1685-1691.

［47］张友棠，刘帅，卢楠. 自然资源资产负债表创建研究［J］. 财会通讯，2014（10）：6-9.

［48］高敏雪. 扩展的自然资源核算——以自然资源资产负债表为重点［J］. 统计研究，2016，33（1）：4-12.

［49］胡文龙，史丹. 中国自然资源资产负债表框架体系研究——以 SEEA2012、SNA2008 和国家资产负债表为基础的一种思路［J］. 中国人口·资源与环境，2015，25（8）：1-9.

［50］孟爱仙. 自然资源资产的确认与计量［J］. 经贸实践，2018（8）：62-63.

［51］封志明，杨艳昭，闫慧敏，等. 自然资源资产负债表编制的若干基本问题［J］. 资源科学，2017，39（9）：1615-1627.

［52］陈艳利，弓锐，赵红云. 自然资源资产负债表编制：理论基础、关键概念、框架设计［J］. 会计研究，2015（9）：18-26.

［53］SORTER G H. An "events" approach to basic accounting theory［J］. *The Accounting Review*，1969，44（1）：12-19.

［54］张铭贤. 先行先试，改革成效初显［J］. 环境经济，2016（Z5）：50-53.

［55］封志明，杨艳昭，江东，等. 自然资源资产负债表编制与资源环境承载力评价［J］. 生态学报，2016，36（22）：7140-7145.

［56］黄溶冰，赵谦. 自然资源资产负债表编制与审计的探讨［J］. 审计研究，2015（1）：37-43.

［57］韩德军. 土地资源资产负债表编制方法探究［J］. 才智，2015（22）：291-292.

［58］刘毅，张翠红. 自然资源资产负债表的编制框架与核算路径研究［J］.

中国注册会计师，2017（3）：98-102.

［59］徐子蒙，贾丽，李娜.自然资源资产负债表理论与实践路径探析——以土地资源为例［J］.测绘科学，2019，44（12）：50-59.

［60］孙福生，郭长军.黑龙江省森工林区林地质量等级划分探讨［J］.中国林副特产，2015（3）：71-72.

［61］戚阳艳，万欣，江浩，等.扬州市长江沿岸森林生态系统服务功能价值评估［J］.江苏林业科技，2021，48（2）：19-26.

［62］董普.现阶段农用土地资源价格评估研究［D］.北京：中国地质大学，2005.

［63］于长捷，刘忠武，代继敏.浅议集体林流转的评估和测算［J］.绿色财会，2012（6）：27-28.

［64］王化成，刘俊彦，荆新.财务管理学（第9版）［M］.北京：中国人民大学出版社，2021：15-28.

［65］魏名星.河北省森林资源资产负债表编制研究［D］.保定：河北农业大学，2018.

［66］冯立国.重置成本法在幼龄林资产评估中的应用［J］.商业经济，2008（16）：50-51.

［67］黄大国，江增盛.古树名木修复探讨——以安徽省休宁县为例［J］.林业科技通讯，2023（4）：77-82.

［68］王彬.重点公益林生态系统服务功能及价值研究——以鸡公山自然保护区为例［D］.郑州：河南农业大学，2009.

［69］胡露云.遂昌县主要森林类型生态系统服务功能及其价值评估［D］.杭州：浙江农林大学，2014.

［70］王顺利，刘贤德，王建宏，等.甘肃省森林生态系统服务功能及其价值评估［J］.干旱区资源与环境，2012，26（3）：139-145.

［71］张文文，孙宁骁，韩玉洁.上海城市森林生态系统净化大气环境功能评估［J］.中国城市林业，2018，16（4）：17-21.

［72］钮子鹏，叶枝伟，陈默，等.全面停止天然林商业性采伐建设成效评估——以宁洱县为例［J］.内蒙古林业调查设计，2022，45（1）：1-5.

［73］周亚东，薛杨，李广翘，等.海南生态公益林生态系统服务功能价值评估报告［J］.热带林业，2011，39（2）：31-37.

［74］马军.山西省天保区森林生态系统服务功能价值评估［J］.四川林业科技，2015，36（6）：81-84.

［75］刘文宇，张灿明.长沙市主要森林类型生态服务功能价值评价［J］.湖南林业科技，2011，38（3）：31-35.

［76］路彩霞.我国森林资源资产负债表的编制研究［D］.北京：首都经济贸易大学，2018.

［77］张治军，唐芳林，刘绍娟，等.森林资源与旱涝灾害关系浅析［J］.林业建设，2010（6）：35-39.

［78］王光华，夏自谦，李晖.森林生态经济效益计算方法初探——论生态经济级差地租［J］.林业资源管理，2012（1）：100-107.

［79］耿建新，王晓琪.自然资源资产负债表下土地账户编制探索——基于领导干部离任审计的角度［J］.审计研究，2014（5）：20-25.

［80］胡文龙.自然资源资产负债表基本理论问题探析［J］.中国经贸导刊，2014（10）：62-64.

［81］邵雪红.森林资源资产负债表编制研究［D］.北京：首都经济贸易大学，2020.

［82］陈永杰.贵州省森林资源资产负债表的探索编制［J］.商，2015（36）：134.

［83］姜海光.浅析内蒙古探索编制森林资源资产负债表［J］.内蒙古林业调

查设计，2016，39（6）：134-135.

［84］尹静静，焦栋. 浅析自然资源资产负债表的编制——以 2015 年湖州市
自然资源资产负债表为例［J］. 现代经济信息，2016（22）：468-469.

［85］张颖. 环境资产核算及资产负债表编制国际经验及前沿［M］. 北京：知
识产权出版社，2015.

［86］张瑞琛. 基于价值量的森林资源资产负债表财务报告概念框架构建研究
［J］. 会计研究，2020（9）：16-28.

［87］方媛. 水资源资产负债表构建研究［D］. 蚌埠：安徽财经大学，2018.

［88］甘泓，汪林，秦长海，等. 对水资源资产负债表的初步认识［J］. 中国
水利，2014（14）：1-7.

［89］朱友干. 论我国水资源资产负债表编制的路径［J］. 财会月刊，2015
（19）：22-24.

［90］陈燕丽，左春源，杨语晨. 基于离任审计的水资源资产负债表构建研究
［J］. 生态经济，2016，32（12）：28-31.

［91］柴雪蕊，黄晓荣，奚圆圆，等. 浅析水资源资产负债表的编制［J］. 水
资源与水工程学报，2016，27（4）：44-49.

［92］王伟斌，王毅. 基于国民账户核算体系的澳大利亚政府资产负债表编制
研究［J］. 金融理论与实践，2016（6）：97-102.

［93］周普，贾玲，甘泓. 水权益实体实物型水资源会计核算框架研究［J］.
会计研究，2017（5）：24-31.

［94］贾玲，甘泓，汪林，等. 论水资源资产负债表的核算思路［J］. 水利学
报，2017，48（11）：1324-1333.

［95］石薇，汪劲松. 水资源资产负债表的编制方法［J］. 统计与决策，2021，
37（12）：24-28.

［96］柳盼盼. 环境经济核算框架下中国水资源资产核算问题研究［D］. 兰州：

兰州财经大学，2020.

[97] 任婉瑜.大连市内饮用水水质检测与研究 [J].科技创新导报，2016，13（16）：60-61.

[98] 姜瑞雪，韩冬梅，宋献方，等.再生水补给河道周边水体特征——以北京潮白河顺义段为例 [J].资源科学，2020，42（12）：2419-2433.

[99] 李斯婷.地表水质评价方法的研究——以流溪河为例 [D].广州：华南理工大学，2013.

[100] 田金平，姜婷婷，施涵，等.区域水资源资产负债表——北仑区水资源存量及变动表案例研究 [J].中国人口·资源与环境，2018，28（9）：167-176.

[101] 庄瑶，吴鹏飞，李珊梅.福州市蒸发量变化特征及其影响因子分析 [J].福建气象，2015（2）：13-19.

[102] 石晓晓.基于水资源资产负债价值量核算的水价形成机制研究 [D].西安：西安理工大学，2019.

[103] 杨昭飞.武汉市水资源资产价值量化研究 [D].武汉：中南财经政法大学，2019.

[104] 刘阳春.水资源价值理论及模型研究 [D].重庆：重庆大学，2004.

[105] 冯丽.流域水资源会计核算及其应用研究 [D].天津：天津大学，2019.

[106] 向书坚.2003 年 SEEA 需要进一步研究的主要问题 [J].统计研究，2006，23（6）：17-21.

[107] CATO M S. Green economics: an introduction to theory, policy and practice [J]. *Earthscan*, 2009, 69（1）: 17-190.

[108] 杨子生，杨诗琴，杨人懿，等.基于利用视角的土地资源分类方法探讨 [J].资源科学，2021，43（11）：2173-2191.

［109］封志明，杨艳昭，李鹏.从自然资源核算到自然资源资产负债表编制［J］.中国科学院院刊，2014，29（4）：449-456.

［110］李四能.自然资源资产视域问题研究［J］.经济问题，2015（10）：20-25.

［111］孔含笑，沈镭，钟帅，等.关于自然资源核算的研究进展与争议问题［J］.自然资源学报，2016，31（3）：363-376.

［112］耿建新.我国自然资源资产负债表的编制与运用探讨——基于自然资源资产离任审计的角度［J］.中国内部审计，2014（9）：15-22.

［113］向书坚，朱贺.政府资产负债中土地资源核算问题研究［J］.财政研究，2017（2）：25-37.

［114］王悦.我国土地资源分类方法比较及价值核算研究［D］.大连：大连海事大学，2008.

［115］王仕菊，黄贤金，陈志刚，等.基于耕地价值的征地补偿标准［J］.中国土地科学，2008，22（11）：44-50.

［116］张玮，陈光平，王克强，等.建设用地资产负债表编制研究——以上海市B区为例［J］.中国土地科学，2017，31（8）：32-43.

［117］余先怀，袁兴中，蒋启波，等.重庆市梁平区湿地保护修复实践［J］.三峡生态环境监测，2022，7（3）：66-72.

［118］肖丽娜.吴中区湿地资源资产负债表的编制研究［D］.苏州：苏州科技大学，2017.

［119］李永涛，杜振宇，王霞，等.黄河三角洲自然保护区湿地生态服务功能价值评估［J］.海洋环境科学，2019，38（5）：761-768.

［120］罗焜宇，樊雨，夏宏丽，等.盘锦市湿地生态系统服务价值变化及驱动因素分析［J］.湿地科学与管理，2023，19（1）：45-49.

［121］孟祥江，朱小龙，彭在清，等.广西滨海湿地生态系统服务价值评价

与分析 [J] . 福建林学院学报，2012，32（2）：156-162.

[122] 李永涛，葛忠强，王霞，等 . 山东省滨海自然湿地生态系统服务功能价值评估 [J] . 生态科学，2018，37（2）：106-113.

[123] 梅荣 . 呼伦湖自然保护区湿地生态系统服务价值评估 [J] . 河北师范大学学报（自然科学版），2022，46（1）：103-108.

[124] 许鹏鸿 . 耕地综合价值评价研究——以福州市琅岐岛为例 [J] . 农业与技术，2019，39（23）：171-174.

[125] 常晓飞 . 耕地资源的社会价值探讨——以沈阳市为例 [J] . 吉林农业，2011（6）：69.

[126] 唐莹，穆怀中 . 我国耕地资源价值核算研究综述 [J] . 中国农业资源与区划，2014，35（5）：73-79.

[127] COSTANZA R，ARGE R，GROOT R，et al. The value of the world's ecosystem services and natural capital [J] . *Nature*，1997，387：253-260.

[128] 谢高地，甄霖，鲁春霞，等 . 一个基于专家知识的生态系统服务价值化方法 [J] . 自然资源学报，2008，23（5）：911-919.

[129] 谢高地，张彩霞，张雷明，等 . 基于单位面积价值当量因子的生态系统服务价值化方法改进 [J] . 自然资源学报，2015，30（8）：1243-1254.

[130] 范振林 . 矿产资源核算研究 [J] . 中国矿业，2014，23（S1）：20-23.

[131] 谢高地，张彩霞，张昌顺，等 . 中国生态系统服务的价值 [J] . 资源科学，2015，37（9）：1740-1746.

[132] 汪小平，周宝同，王小玉，等 . 重庆市土地利用变化及其生态系统服务价值响应 [J] . 西南师范大学学报（自然科学版），2009，34（5）：225-229.

[133] 王毅 . 县域尺度土地资源资产负债表框架设计研究——以城口县为例

［D］.重庆：重庆师范大学，2018.

［134］吕媛琦.基于复式记账的土地资源资产负债表编制研——以 × × 县为
例［D］.郑州：中原工学院，2019.

［135］方敏.试论开展矿产资源核算体系研究的重要意义［J］.中国国土资源
经济，2005，18（5）：12-13.

［136］范振林，李晶.矿产资源资产负债表编制框架探讨［J］.中国矿业，
2019，28（10）：13-18.

［137］李小慧，刘国印，郑玉慧，等.矿产资源资产价值核算方法研究［J］.
中国矿业，2021，30（11）：18-22.

［138］季曦，刘洋轩.矿产资源资产负债表编制技术框架初探［J］.中国人
口·资源与环境，2016，26（3）：100-108.

［139］王广成，李祥仪，熊国华.矿产资源资产化管理理论和方法的分析与
展望［J］.中国人口·资源与环境，1996（4）：49-53.

［140］刘利.对自然资源资产负债核算账户的思考［J］.财会月刊,2020（18）：
58-61.

［141］焦之珍.矿产资源资产的确认与计量问题研究［D］.北京：首都经济
贸易大学，2018.

［142］耿建新，胡天雨，刘祝君.我国国家资产负债表与自然资源资产负债
表的编制与运用初探——以 SNA 2008 和 SEEA 2012 为线索的分析
［J］.会计研究，2015（1）：15-24.

［143］王湛，刘英，殷林森，等.从自然资源资产负债表编制逻辑到平行报
告体系——基于会计学视角的思考［J］.会计研究，2021（2）：30-46.

［144］田子陶.自然资源资产离任审计指标研究与应用探索［D］.南昌：东
华理工大学，2020.

［145］侯晓靖，张书钰，马文庆.领导干部自然资源资产离任审计、企业

环保投资与环境责任水平［J］.西安石油大学学报（社会科学版），2023，32（1）：17-24.

［146］苏学武，成王玉，张朋杰，等.市级全民所有自然资源资产管理考核评价制度建构［J］.中国国土资源经济，2023，36（3）：74-82.

［147］蒿爽.领导干部矿产资源资产离任审计路径研究——以榆林市为例［D］.西安：西安外国语大学，2020.

［148］沈振宇，朱学义.矿产资源资本化［J］.中国地质矿产经济，1999（4）：17-21.

［149］莫春芳.领导干部自然资源资产离任审计评价指标体系构建研究［D］.昆明：云南大学，2019.

［150］黄溶冰.领导干部自然资源资产离任审计研究：十年综述与展望［J］.兰州学刊，2023（4）：61-70.

［151］丁杨.发展中国家典型环境服务付费实践案例分析——肯尼亚的经验与启示［J］.资源开发与市场，2017，33（1）：74-79.

［152］苏芳，范冰洁，宋妮妮，等.可持续消费、人类福利与环境影响：进展与问题［J］.地球环境学报，2020，11（5）：463-474.

［153］吴畏.我国森林资源生态补偿法律制度研究［D］.重庆：重庆大学，2011.

［154］王小军.基于农户视角的集体林权制度改革主观评价与森林经营行为研究［D］.北京：北京林业大学，2013.

［155］郑永年.市场经济与广东的改革开放［J］.开放时代，2012（4）：5-22.